江苏省高校哲学社会科学研究基金重点项目“我国近代中小学体育教科书发展历程及当代价值研究”（编号：2017ZDIXM136）

建设体育强国背景下学校体育文化建设与发展研究

JIANSHE TIYU QIANGGUO BEIJINGXIA XUEXIAO TIYU WENHUA JIANSHE YU FAZHAN YANJIU

苏永骏　著

中国农业出版社
北　京

内容简介

本书在建设体育强国背景下围绕我国学校体育文化的建设与发展问题展开研究，首先分析学校体育文化的基本知识和建设与发展的学科理论，其次阐述建设体育强国背景及其与学校体育文化的关系，最后重点研究学校体育文化的建设与发展，包括建设发展的现状与问题，学校竞技体育文化、休闲体育文化及民族传统体育文化的建设与发展，学校体育文化系统建设及体系构建。本书结构清晰、内容丰富、研究深入，对提高我国学校体育文化建设质量，推动学校体育文化繁荣发展以及助力建设体育强国具有重要意义。

前言

建设体育强国是实现中华民族伟大复兴、实现中国梦的重要战略。体育强国的“强”应该体现出群众体育、竞技体育、学校体育等各项体育事业的全面协调发展状态。当前，面对由体育大国向体育强国迈进的战略转变，融教育功能和体育功能于一身的学校体育发挥着重大作用，成为推进建设体育强国的重要支撑。学校体育文化建设是学校体育中的一项重要工作。习近平总书记在党的十九大报告中指出“文化是一个国家、一个民族的灵魂。文化兴国运兴，文化强民族强。没有高度的文化自信，没有文化的繁荣兴盛，就没有中华民族伟大复兴。”科学建设学校体育文化，推动学校体育文化繁荣发展对提升国家文化软实力和建设体育强国具有重要意义，因此，我们必须高度重视对学校体育文化的建设与完善。基于此，笔者在查阅大量相关文献的基础上，精心撰写了《建设体育强国背景下学校体育文化建设与发展研究》。

本书共有9章内容。第一章为学校体育文化概述，阐述学校体育文化的基本知识，使读者对本书的研究对象有基本的了解。第二章为学校体育文化建设与发展的学科理论基础，旨在为全面建设学校体育文化提供科学依据。第三章与第四章分别为建设体育强国背景与学校体育文化发展概况、学校体育文化建设与发展中的不足，以了解本书的研究背景，清楚学校体育文化的发展现状，为在特定背景下探索学校体育文化发展路径奠定现实基础。第五章至第七章分别为建设体育强国背景下学校竞技体育文化、休闲体育文化和民族传统体育文化的建设与发展。这些都是学校体育文化的重要组成部分，对促进学校体育文化的发展具有重要意义。第八章为建设体育强国背景下学校体育文化系统的建设与实证分析，包括学校体育物质文化、制度文化以及精神文化的建设与发展。第九章为建设体育强国背景下学校体育文化体系的构建与探索，为进一步完善学校体育文化体系提供理论指导与可靠建议。

总体而言，本书具有以下几个重要特点。

第一，时代性。体育强国是实现中华民族伟大复兴、建设中国特色社会主义现代化强国的必要条件，是新时期我国具有代表性的一项伟大战略。本书着眼于体育强国这一时代背景而探索学校体育文化建设与发展的科学理论与多元路径，以期在促进学校体育文化繁荣发展的同时推动体育强国建设，早日实现体育强国梦。

第二，系统性。本书主要在建设体育强国背景下对我国学校体育文化的建设与发展问题展开研究，在具体研究中首先分析了我国学校体育文化建设与发展的现状与问题，然后分别探讨了学校体育文化中重要组成部分——学校竞技体育文化、学校休闲体育文化及学校民族传统体育文化的建设与发展，最后着重对学校体育文化的系统建设及体系构建策略进行探索，总体上结构合理，层层推进，具有鲜明的系统性。

第三，创新性。本书在学校体育文化建设与发展的研究中，打破了以往从整体视角对建设与发展理论及策略进行研究的局限，而将学校竞技体育文化、休闲体育文化及民族传统体育文化这些学校体育文化的重要组成部分作为单独的章节来着重探索它们的建设路径，提出发展建议。因为不同类型的学校体育文化有不同的特征，发展现状也有差别，因此，在建设与发展中应各有侧重，要有针对性。

总之，本书以建设体育强国为背景，重点围绕我国学校体育文化建设与发展的理论与策略展开研究，期望本书能够为促进我国学校体育文化建设质量的提高、推动我国学校体育文化繁荣发展以及实现体育强国战略目标做出贡献。

本书在撰写过程中参考并借鉴了很多专家、学者的研究成果，在此表示诚挚的谢意。由于水平有限，书中难免有不妥与疏漏之处，敬请广大读者批判指正。

著　者

2020 年 12 月

目录

CONTENTS

第一章 CHAPTER ONE

学校体育文化概述

学校体育文化，是学校文化与体育文化的结合体，其从文化的角度阐述了学校体育的相关内容。对学校体育文化的简要了解和认识，有助于学校体育文化建设与发展的顺利进行，因此，了解学校体育文化的基本知识是非常重要且必要的。本章首先对体育文化和学校体育文化进行了分析和对比，有助于区分两者，并了解两者之间的联系，在此基础上，重点对学校体育文化的内容与特征、结构与功能进行了分析和阐述，由此，对学校体育文化有一个较为全面的基本了解，为后续更加深入的分析奠定基础。

第一节　体育文化与学校体育文化

一、体育文化

（一）体育文化的起源

体育，本身作为文化现象之一，其在人类社会发展的推动下也有相应的发展。体育文化对人类社会的影响存在已久，但是，近百年来，体育文化所产生的影响越来越深远，人们对此已经有了较为充分的感受，这方面的研究也越来越多。

关于体育文化的起源，可以大致归纳为以下几种说法。

1. 劳动起源论

这一说法是最为客观的一种。在原始社会，人类为了生存不得不进行劳动。在生存需要的驱动下，人类开始通过各种身体活动，将自身技能的多样性保持下来。同时，人类的身体素质也因此而有所提升。人类以劳动实践为出发点，并逐步形成了以生存为直接目的的体育文化，因此，劳动起源论者认为体育文化是从劳动实践中演化出来的。

2. 军事起源论

在人类社会的发展过程中，战争起到了非常重要的作用，其主要是指因人类争夺物质资料而发生的武装冲突。人类社会早期，要想生存，除了要劳动之外，还要通过生活资料的争夺来维持生存，逐渐的，个人之间的争夺就逐渐演变为部落冲突。各部落为了更好地生存和发展，对部落内的成员有组织、有目的地展开了骑射、拳击、摔跤、棍棒等技能的军事训练，由此，以军事为目的的体育活动便逐渐形成了。体育文化的产生与军事训练是有着密切联系的。

3. 游戏起源论

在早期的人类社会，在经过劳动积累一定的物质资料之后，人们就会进行庆祝，这时候，游戏、歌舞等庆祝方式便逐渐产生。这些庆祝方式，通常都是从跑、跳、投等劳动形态中演化出来的。游戏娱乐是充实早期人类余暇生活的主要内容。在游戏娱乐的过程中，在有效锻炼和提升人的各种身体技能和身体素质的同时，娱乐性的体育活动和体育文化得以形成。

4. 宗教起源论

在早期的人类社会，生产力极其低下，导致原始人类对自然的认识不够充分和正确。关于自然力，人们往往会将其人格化、神化，由此，崇拜自然、崇拜神灵等现象便开始出现了。生产力发展到一定水平后，人们在对自然现象求解的过程中形成了原始宗教。它是人们在求助于自然、祭祀天地的过程中形成的具有宗教文化内涵的体育活动。

5. 人性起源论

人性对于体育文化的起源来说，也有着一定的影响，两者之间的关系非常密切。人性是在社会实践过程中逐渐形成的，可以说，人性是社会发展的重要产物。体育是人类社会的体育，而体育文化是这种人性的外化积累中的重要组成部分。人类通过对自身本能的改造，把人的进攻性、破坏性等对象化和社会化，并通过运动和竞争的固定形式表现出来，由此，人类社会特有的体育文化便形成了。由此可见，人性对体育文化的起源产生了一定影响。

6. 教育起源论

在人类的不断演化和社会发展的过程中，生产劳动以及军事、游戏过程中所演变出来的各种运动技能、技巧，都会通过教育的方式传授给后代，以教育为目的的体育活动便得以产生。

（二）体育文化的概念

体育文化是人类在社会活动和体育活动中所建立起来的一整套规范体系和价值体系，以及体育活动的方式和设施等。

体育文化要使人的自然本能的需要以及人们对体育文化的社会心理需要都得到满足。由此可以得知，体育文化是属于改造自身的文化类型。

（三）体育文化的分类

按照不同的标准，可以用不同的方法来对体育文化的类型进行划分。其中，常见的有以下几种。

1. 按层次分类

按照层次对体育文化进行划分，实际上是对体育文化包含的内容进行层次划分。依据不同的标准，对体育文化进行分类的方法主要有以下几种。

（1）两分法。

① 体育文化有物质和精神之分。

② 体育文化有制度与非制度之分。

③ 体育文化有观念与非观念之分。

④ 体育文化有竞技与非竞技之分。

（2）三分法。

① 体育文化有物质、精神、制度之分。

② 体育文化有物质、精神、行为之分。

③ 体育文化有信仰、方法、行为之分。

④ 体育文化有观念、制度、器物之分。

（3）四分法。

① 体育文化有物质、精神、规范和智能之分。

② 体育文化有思维方法、观念、制度和行为之分。

（4）五分法。

体育文化有物质、精神、制度、行为和艺术之分。

2. 按目的分类

① 以竞赛获胜为目的的竞技体育文化。

② 以体育教育为目的的学校体育文化。

③ 以强身健体为目的的健身体育文化。

④ 以娱乐休闲为目的的休闲体育文化。

⑤ 以特殊服务为目的的特殊体育文化。

3. 按起源地分类

体育文化有东方和西方之分。

4. 按活动场所分类

① 企业体育文化。

② 学校体育文化。

③ 社区体育文化。

④ 农村体育文化。

⑤ 部队体育文化。

5. 按历史分类

以中国体育文化为依据，按照粗略的历史分期法，可以将中国体育文化分为三种类型。

① 中国古代体育文化。

② 中国近代体育文化。

③ 中国现代体育文化。

6. 按区域分类

以不同的区域为依据，可以将体育文化进行不同的类型划分。

（1）中国体育文化的划分。

① 按照地理区域划分。我国的体育文化有东北、华北、西北、西南、华南、东南、华东和华中之分。

② 按照文化区域划分。我国的体育文化有燕赵、齐鲁、三晋、吴越、巴蜀、三秦、关东和岭南之分。

（2）世界体育文化的划分。

① 按国家区域划分。世界体育文化有中国、美国、德国、英国、日本、印度、韩国、法国、越南、伊朗、俄罗斯和西班牙等之分[1]。

② 按洲区域划分。世界体育文化有亚洲、欧洲、非洲、大洋洲、北美洲和南美洲体育文化之分。

二、学校体育文化

（一）学校体育文化的产生

在人类社会的发展过程中，体育随之出现并有所发展。在这一过程中，学校体育文化的兴衰也不断变化着。学校体育文化的产生与战争的军事需要有着非常密切的关系。

分析学校体育文化发展脉络，可以发现学校体育文化的整个演变过程，其大致可以分为古代学校体育文化、近代学校体育文化和现代学校体育文化三个发展阶段。但从严格意义上说，古代的学校体育还没有形成规模，因此，这种学校体育文化不具备文化形态的特征。

现代教育与现代体育这两大人类文化体系的交汇处就生存着一种独特的文化现象，就是所谓的学校体育文化。

（二）学校体育文化的概念

从概念上来看，学校体育文化，实际上就是学校文化和体育文化两者结合起来所产生的一种新产物，这也在一定程度上体现出了学校与体育两者之间的融合与密切联系。从不同的角度入手，对学校体育文化会有不同的理解与认识。

从文化内容构成的角度来说，学校体育文化这一文化形式具有显著的多元化特点，学校体育文化作为一种群体文化，其具有显著的学校精神特征，它包括大量的以学生为主体的体育观念和体育意识。

从文化产生条件的角度来说，不管什么样的文化，其产生都需要具备一定的条件，即文化创造的主体、文化施加的对象以及文化给人们带来一定影响的手段和环境。学校体育文化属于精神文化的范畴，并且其作为一种文化形式具有显著的多样性特点。

由此，可以将学校体育文化理解为：在学校范围内表现出的一种多元性体育文化环境氛围。可以说，这是一种在课堂体育教学、课外休闲体育活动、校内外运动竞赛与训练以及多种体育设施建设等活动中形成和拥有的物质与精神财富的总和。

（三）学校体育文化的本质

从本质上来说，体育文化能够将学生及教职员工的体育价值观念体现出来。因此，某种先进的学校精神一旦形成，就一定会在某种程度上对全体师生的体育行为产生巨大的引导作用，形成一种强大的学校体育氛围，在引导师生树立“健康第一”观念的同时，对他们的行为产生相应的规范作用，从而使参与者具有某种特有的“体育精神特质”，形成该学校区别于其他学校的一个特征。

任何为了要达到某种目的的活动，都是由价值定向的活动，同时，其也是由价值支撑的活动。从人这一主体的角度来说，只有他们认为自身的行为是合理的，他们才会理直气壮、义无反顾地去实践，否则，只能停留在想象的阶段。先进的学校体育精神作为学校价值体系的精华，作为学校发展的一种潜在力量，在促进学生积极进取、战胜困难、开拓创新、夺取胜利方面所起到的推动作用是不可替代的，尤其是在学校遇到困难或挫折时，它会给学生以信念的支撑，会成为学生追求理想、追求发展的力量源泉。

综上所述，学校体育文化作为一种价值观念，是学校师生共同创造的，并且对其是持认同态度的，这就赋予了其无形的凝聚力和感召力。

第二节　学校体育文化的内容与特征

一、学校体育文化的内容

（一）学校体育文化内容的层次划分

学校体育文化的结构是学校体育文化系统得以在发展过程中保持整体性的关键，其对学校体育文化的特征起决定性作用。

通常，学校体育文化内容可以大致分为四个不同的层面，不同层面的内容是不同的。

1. 物质层面

物质层面的内容在学校体育文化中是处于基础性地位的，其不仅是满足学校体育文化的主体，同时也是进行体育实践活动的重要保障。一般的，平时所常见的体育设施、体育器材、体育雕塑、体育服装等这些都属于学校体育文化物质层面的范畴。

2. 行为层面

行为层面的内容在学校体育文化中的重要性也是不可忽视的，从具体意义上来说，主要指师生在体育实践活动中以约定俗成的方式构成的体育行为规范，一般地，体现的形式主要为体育习惯。学校体育文化行为层面主要包含体育情趣、体育风尚等方面。

通常，学校体育文化主体的体育行为会受到很多因素的影响和制约。其中，较为主要的有来自外界的种种有形的、物质的（体育设施等）、他律的、带有强制性的制约，除此之外，还有一些无形的、非物质的、自律的和不带任何强制性的内在良知的制约。由此可见，正确、合理的体育行为是非常重要的。

3. 精神层面

精神层面的内容在学校体育文化中起到主导作用，体育思维方式、体育审美情趣和体育价值观念都属于精神层面的范畴。其中，体育价值观念是学校体育文化的核心，其对学校体育文化的发展目标具有决定性影响。

4. 制度层面

制度层面的内容在学校体育文化中起关键性作用，具体是指对学校体育起规范作用的各种法规、条例、规章制度、裁判规则等，同时，强制性和规范性是制度层面的主要特点。这种强制性、规范性作用主要体现在学校内的体育部（课部）、体育协会、运动队、体育俱乐部等各种体育组织方面。学校体育文化的制度层面，对于其他三个层面来说，是重要的纽带，其能够将其他三个层面有机连接起来。总的来说，制度层面是学校体育文化系统中最权威的因素，其对学校体育文化整体的性质产生着非常重要的规定甚至决定性影响。

（二）学校体育文化内容的类型划分

以体育文化在学校中的外部表现特征为主要依据，可以将学校体育文化所涵盖的内容大致分为以下五种类型。

1. 艺术类

这一类型主要包含的具体内容：体育征文、摄影活动、运动服饰及参赛服饰设计、体育舞蹈联谊会、各类操、舞表演等。

2. 娱乐类

这一类型主要包含的具体内容：体育报纸、杂志的阅览及影视赛事欣赏、体育休闲项目、垂钓、棋类活动、趣味项目竞赛等。

3. 体育活动类

这一类型主要包含的具体内容：体育课程、课外活动，体育俱乐部，运动

兴趣小组，各类体育项目的竞赛、大型运动会、体育文化节活动、校运动代表队训练等。

4. 体育环境类

这一类型主要包含的具体内容有：学校体育雕塑、体育场馆、跑道，各类健身长廊、校区健身场所等。

5. 其他类

这一类型主要包含的具体内容有：健身知识讲座，竞赛场景策划与布置、组织旅游活动、踏青远足、参观纪念场所等。

学校体育文化的表现形式有很多种，其中，早操、课间操、体育课、课余群体活动、高水平运动队的训练、运动竞赛、体育竞赛、富有特色的体育讲座和报告会、体育技能表演、体育文化节等是最为常见的。尤其需要强调的是，体育文化节和体育俱乐部是近年来发展比较快的一种学校体育文化活动形式，已成为目前学校文化的热点。

二、学校体育文化的特征

学校体育文化是在社会文化的背景下逐渐产生和发展的，因此，其与社会文化之间是有一定差异性的。某种程度上，学校体育文化的生成和发展既受社会文化特征的制约，又有其自身的独特表现。总的来说，学校体育文化的特征可以从外在和内在两个方面得到体现。

（一）层次性

学校体育文化的层次性主要从以下几个方面得到体现。

第一，内容方面，学校体育文化可以被分为不同的层面；除此之外，其又可以进行进一步的层次划分，即专业性的体育文化知识的传播、教育、研讨、练习、交流和一般性的体育文化知识的交流、传播和练习。

第二，活动的类别方面，学校体育文化通常可以被分为几种不同的活动形式，常见的有：竞技型的各类体育比赛，教学型的各种练习、学习活动，健身的各类体育锻炼。

第三，形态方面，学校体育文化通常会被分为不同的目的形态，比如，有的是为了提高耐力和速度，有的是为了增强力量，有的是为了提高平衡、协调能力等。

（二）导向性

学校作为教育实施的重要基地和场所，其是在社会、经济发展的大背景下实施教育的，其存在是社会发展的一个重要结果，由此可以理解为：社会政治、经济大环境一定会影响到学校体育文化的形成与发展。因此，鲜明的时代特征成为学校体育文化时代内涵特征的重要构成因素之一。

青少年学生作为学校体育文化的主体，他们都有自己的个性和特点，他们作为社会中一个较为特殊且规模庞大的群体，通常都会热心追随社会潮流。

学生这一群体通常都有着较强的接受能力，再加上他们处于社会文化潮流的前沿，因此，学校成员对各种社会现象、社会思潮比较敏感。通常情况下，学校文化的发展较快，并且发展的内容都是比较前沿的，而学校体育文化又是学校文化的重要组成部分。因此，这就将学校体育文化的先导性特征较为明显地体现了出来，将众多体育信息以最快的速度汇集起来并加以传播，并且将体育动态和体育科技发展水平及时地反映出来，或对其未来的发展加以预估和推测。在学校体育文化的这种先导优势的带动下，学校也能以此为依据，将体育教育发展的规模确定下来，并且对学校体育设施的管理方式进行科学合理的设计，为未来造就人才服务。

（三）人文性

学校体育文化通过身体活动的形式来加以表现，这是其最为显著的特点之一。身体活动在学校体育文化中，不仅能将人的生物属性充分表现出来，还能将鲜明的人文精神体现出来。可以说，学校体育文化是人的自然属性、学校文化属性和体育文化属性密切交互作用的文化。

从本质上来说，学校体育文化是一种以广大师生及学校体育工作者的生存、享受、发展需要为出发点、归宿点和最高价值目标的人文形态。

一直以来，体育文化所体现的都是一种人文精神，同时，其还蕴涵着一种人文目标，并昭示着一种人文价值理念。

（四）创新性

青少年学生是学校的重要主体，学校体育文化形成也与之有着密切的关系。青少年学生正处于好动的年纪，他们在学习之余对学校体育文化是非常青睐的，这主要是由于学校体育文化能够在调剂其学习生活的同时，也能使他们获得各种知识和才能，让他们在学校体育文化的氛围中充分感受其魅力。

另外，课余体育文化在学生身上所起到的作用以及所产生的影响也是非常重要的。一方面，能够为学生体育才能的发挥和创新提供有利条件，使他们有机会发展体育运动的特长和爱好，从而使课堂教学中以分数作为衡量学生才能的唯一尺度的不足得到有效弥补；另一方面，体育运动在鼓励和要求不断创新方面也有着较为显著的特征，究其原因，只有不断创新才能在体育竞赛中立于不败之地。

一直以来，学生在体育运动中都有一种较为强烈的信念，这种信念对自己起到重要的支撑作用，那就是“努力拼搏、战胜对手、成为强者”。这种信念对参加体育运动的人所产生的激励作用，主要表现为战胜各种困难、超越对手、超越自我，创造一个又一个新的纪录。其中，“鼓励创新”是体育运动的

文化特质，不仅是学校文化建设中不可缺少的灵魂，同时也是现代教育要追求的不变神韵。

（五）开放性

学校体育文化的发展是在一定的社会背景下实现的，因此，在整个社会中只是其中的一个组成部分，能够将显著的时代和社会特征体现出来。而且，由于体育文化本身的灵活性，赋予了学校体育文化开放性特征。一方面，学校体育文化具有更为显著的超前性和灵活性，为学生素质的全面提高提供了更广阔的前景。另一方面，通过学校之间、学校与社会之间频繁而广泛的以体育为内容的接触和交流，能使学生对社会的了解程度不断增加，使学生的眼界得到拓展，在这一过程中，不断吸取社会文化中的有益成分，这就能使学校文化的不足得到有效弥补。

（六）发展性

学校体育文化的发展性特征，主要是指其可持续发展，这一特征则主要在体育的生态哲学上得到体现。

从具体意义上来说，学校体育文化的发展性特征是通过体育活动的形式展现出来的，由此，将可持续发展的体育文化构建起来，大力倡导能源清洁、资源节约、农业生态化、废弃物资源化、食品绿色化，使师生能够有效掌握各种环保技能，从而使自身生产方式生态化、生活消费文明化的目的得以顺利实现，与此同时，还要进一步推动师生对体育文化科学的哲学理解，加深其理解的深度，实现体育文化的统一，最终确定体育文化的支点与归宿。

（七）娱乐性与趣味性

对于教师和学生等学校的主体来说，要想缓解繁忙的工作、紧张的学习所带来的身心疲惫，在众多消除疲劳、愉悦身心的方法中，首选体育活动。学校体育文化具有现代体育活动的一些特点，因此，人们只有亲身参与到运动中，在愉悦身心的活动中承受一定的负荷，发展自己的体能，才能感受到运动所带来的乐趣。

（八）持久性与广泛性

1. 持久性

这里所说的持久性，主要是针对时间方面来说的。从这一角度来看，学校体育文化的影响贯穿了人生中的幼年、童年、少年、青年等几个最为重要的时期，一个现代社会的人几乎直接面对长达 20 年之久的学校体育文化的熏陶，并在后半生受到它的滞后作用的影响。

2. 广泛性

这里所说的广泛性，主要是针对空间方面说的。学校体育文化的覆盖面之广是无与伦比的，世界各国的校龄儿童、少年、青年几乎涵盖了地球上 1/4～

1/3 的人口。学校体育文化就是以其自身的活力、辐射力和引人入胜的魅力，在一定的时空中以“文化圈”或“文化链”的方式传播，形成不同的“文化群”或“文化区”，这就将其在时间上的持久性与空间上的广泛性特征充分体现了出来。

（九）隐蔽性与渐进性

1. 隐蔽性

学校体育文化对学校中学生的影响与传统体育教学的直观、直接性特点是不同的，其主要以不明确的内隐方式，通过学生无意识的、非特定的心理反应机制影响学生，能够绕开学生体育意识的障碍，使他们在无意识中领悟人生真谛，从而对自己的认知和行为进行调整和约束。

除此之外，学校体育文化的风气，也会在很大程度上影响到学校内的学生以及老师对体育的认识和了解。对于不同的学校来说，良好体育文化风气所形成的体育氛围和集体舆论也是积极的、向上的，能够正面影响师生共同的体育价值观念、集体荣誉感，并且能够将这些充分反映出来，可以说，学校体育文化是一种对每一个成员产生支配作用的无形力量，使生活在这个环境里的人不断调节自己的心理和行为，与整个气氛和舆论相协调，使学校的师生在不知不觉中受到熏陶。

2. 渐进性

“水滴石穿”是渐进性最好的体现。对于学校体育文化来说，通过这种渐进式的方式进行教育，往往能够取得理想的教育成效。学校体育文化可以理解为是精神力量、文化观念、生活方式，而这，都与学校全体成员的共同创造不无关系，这是他们共同努力的结果。在学校全体成员中，学生是重要的主体，他们通过在体育活动中的渐进认识及主体情感体验，将体育的魅力完全展现出来，使体育在学校中越来越具有吸引力，从而吸引更多的学生和老师了解体育文化以及参与到体育运动的实践中来，从而形成一个较为和谐的体育文化环境，为学生对学校体育文化的进一步深入了解奠定基础。

另外，对于整个学校来说，体育文化并不是集中的，其是较为分散的，在学校中散落分布，这就赋予了其显著的辐射和带动作用。

第三节　学校体育文化的结构与功能

一、学校体育文化的结构

学校体育文化的内容可以分为不同的层次和类型，其中，包括体育设施、体育活动、体育竞赛等表象内容，也包括体育风尚、道德观念、体育精神和价值观念等深层次内容。

一般来说，可以将学校体育文化的结构分为三个层面，即表层文化、中层文化、深层文化。

（一）第一层：表层文化

学校体育文化的表层文化是处于第一层的，主要是指显形物质文化，表现为体育运动的形式、体育设施等可感觉到的形态，形成了特有的学校文化景观。物质是体育文化的基础，是重要的客观保障。也可以将其理解为是学校体育文化建设的“硬件”。

（二）第二层：中层文化

学校体育文化的中层文化是处于第二层的，主要是指制度文化，是学校体育的综合形态，是联系精神与物质的中间层面。

制度与方法既是学校体育的组织形式，也是体育意识的体现。制度文化介于物质文化和精神文化之间，是学校体育文化建设的重要保障。

（三）第三层：深层文化

学习体育文化的深层文化是处于第三层的，主要是指隐形的精神文化，其在所有的文化形式中处于重要的主导地位。学校体育精神文化，实际上就是指体育健康观、价值观。它是学校体育文化的本质与核心，决定了学校体育文化的目标。精神文化是学校体育文化的“软件”。

二、学校体育文化的功能

（一）教育功能

学校体育文化，是在学校中所实施和开展的，因此，教育功能也是学校体育文化最重要的功能之一。学校体育文化的教育功能主要体现在以下几个方面。

1. 育人功能

学校体育文化对人的心理的影响是隐性的，也就是说，其育人功能的体现是潜移默化的，并不是直观的。可以说，这是学校体育文化区别于其他文化的一大特征。

学校体育文化的育人功能反映在两个方面：一方面，它以必修课——体育课的形式向学生传播着体育知识、技术、技能；另一方面，又以丰富多彩的课余体育活动对学生起着不可估量、不可替代的作用。由此可见，学校体育文化的育人功能非常重要，由此所取得的育人效果也是非常理想的。

学校体育文化所起到的育人作用主要是通过师生共同参与的体育活动而实现的，具体来说，就是在各种不同的体育活动过程中，对师生，尤其是学生进行相应的科学教育，从而达到有效改善师生的智能结构，并且有效继承和发扬人类理性精神和人文精神的目的。

2. 导向功能

学校体育文化的导向功能体现在很多方面，比如，将学校成员的业余体育文化生活引导到正确的方向上，再如，达到使国家、集体和学校人个体利益相一致的体育目标。通常，学校体育文化的导向功能的发挥从以下几个方面得到体现。

① 树立学校体育组织行为的价值取向。

② 明确学校体育的总目标，用目标激励、引导。

③ 制定各项完善的学校体育规章制度，用制度约束、控制。

上述这三个方面是紧密联系、互为补充的，共同发挥导向作用。

学校体育文化对学生所产生的导向作用是非常重要但是潜移默化的，这主要在它的内容、方式以及学校体育文化所形成的文化环境等方面得到体现。一方面，学校体育文化的导向作用体现在学生集体主义精神、爱国主义精神和公平竞争意识的培养，对学生的民族自豪感的激发等方面；另一方面，则体现在对精神文明建设的促进方面。

3. 智力促进功能

学生期间，是学生智力发育的高峰期，因此，对于学校体育文化来说，其要将学生智力的发育与发展作为重要任务和目标，从而保证学生智力得到最大程度的开发和发展。研究发现，经常参与到体育运动锻炼中，对于大脑能源物质与氧气的充足供应有着非常积极的影响，能有效促进大脑神经细胞的充分发育。对于学生来说，参加学校的各种体育活动，能使自身大脑的疲劳感消除，有利于保持清醒的头脑，学习效率也会因此而有所改善。除此之外，学生积极参与到体育活动中，对于其感知力、思维力、想象力、注意力和记忆力等的发展和改善也会产生非常好的影响。

4. 激励功能

学校体育文化的激励功能，其所强调的重点在于对学生的理解、尊重和爱护，强化学校人的工作、学习动机，调动学校人的积极性、主动性和创造性。

学校体育文化的发展，在学生的事业心和责任感增强方面有着积极的作用，能够使他们保持高昂的情绪和进取精神，鉴于此，就需要在学校内树立和培养共同的体育目标、价值、理想、信念，从而对学校体育文化的进一步发展起到促进作用，同时，也为我国的体育事业培养并输送优秀的体育人才，使学校体育文化和我国的体育事业紧密地联系在一起，相互促进，共同发展。

5. 凝聚功能

学校作为重要的育人基地，其功能不仅仅是知识的传授，更是内在精神和心理建立与改善的大熔炉。在学校中，要让学生认识、理解、体验并形成良好的集体意识和凝聚力，这也是目前和未来人们关注的重要问题之一。学校体育

文化是连接学校人和体育的纽带，同时也是一条将学校对学校体育的目标、制度和准则产生认同感与作为学校一员的使命感、自豪感、归属感所形成强烈的向心力、内聚力和群体意识连接起来的纽带，把个体目标整合为学校体育的总目标是它的主要目的。

学校体育对学生的教育意义是非常重要的，学校体育通过对学生热爱集体、关心集体、服从集体、维护集体的意识的教育，来有效地培养学生的群体意识和集体主义观念与精神。因此，学校体育文化的凝聚功能的重要体现方面，就是学校人集体主义精神和观念，一定要把握好这一重要功能。

（二）健康功能

1. 改善身体机能状况

学校体育文化对在校师生有着非常大的吸引力，这与其形式的多样性有着密切关系，由此，越来越多的师生参与到体育运动锻炼中去。这就将体育活动的健身功能充分展现了出来。经常参与体育运动锻炼，能够使在校师生的身体各组织器官抵抗疾病的能力得到锻炼和提升，使他们能够在休闲娱乐中达到保持身体健康的目的。

在学校体育文化的众多功能中，健身功能是基本功能之一。学校体育文化的主体参与各种体育文化活动，能够使自身的体质与健康水平得到改善与提高，主要表现为加快血液循环，提高心脏功能，改善呼吸系统功能，促进骨骼、肌肉的生长发育。

除此之外，学校体育文化在对机体的生长发育、运动能力的提高方面的功能也非常显著。肌肉在人体中不仅是重要的组成部分，还是参与所有体育活动的重要身体组织。换句话说，肌肉状况的好坏会对运动能力的强弱产生决定性影响。发达而结实的肌肉能提高劳动力和运动能力，经常从事体育锻炼，可以改善学生肌肉的血液供应情况，增加肌肉内的营养物质，特别是蛋白质的含量，使肌纤维变粗，工作能力加强。

2. 养成健康的生活方式

（1）充实业余生活，避免不良风气的侵蚀。学校体育文化可为学生营造好的阶段性生活环境，提供良好的受教育机会。学生本身具有充沛的精力，较强的求知欲，以及对新鲜事物的接受能力，学校体育能通过各种健康文明的活动充实学生的业余生活，从而使社会上各种不良风气对学生的侵蚀现象得到有效避免。

（2）使身心功能得到保证。学校体育文化在健全学生身心方面也有着显著影响。体育活动以其固有的竞争性、趣味性，诱导和激发师生们奋发进取，并有效地缓解因社会的发展而给人们带来的心理压力。

3. 调节和疏导学生的心理状态

（1）调节心理状态。当前，在校学生的学习压力越来越大，他们的紧张感和疲劳感越来越严重，对于他们来说，体育运动已经成为他们日常学习和生活中调剂压力的重要方式。在校学生正处于受教育、长身体的关键时期，学习任务繁重，通过参与学校体育文化活动，能够培养他们良好的意志品质、坚忍不拔的精神，并能调节情绪，这些对于学生身心的健康发展都是能产生积极的影响。

（2）疏导心理的积郁。学校体育文化活动能有效丰富和充实学生的精神生活，而且还使他们在课余时间，充分体验到激励的情绪，从而对心情愉快、精力旺盛、情绪高涨等有更加充分的体验。学校体育文化活动的精神氛围，对于学生心理上和情绪上的自我干扰和相互摩擦的消除，精神内耗的减少以及人际关系的协调，都有非常积极的促进作用。

（三）情感功能

1. 娱乐功能

体育本身就是一种最积极、最健康的文化娱乐方式和精神文化活动，因此，广受在校学生的青睐，其已经成为学生学校生活的重要组成部分。

对于在校学生和教师等人来说，学校体育文化能够对他们的生活和精神起到积极的调节作用，使他们在积极参与学校体育运动过程中，满足学校人终身的体育需要和情感愿望，并且感到身心愉悦，保持良好的精神状态，从而达到身体的乃至精神的和社会文化的健康。除此之外，还能使师生们深切感受到一种奋进的力量和一种明快的氛围，使学校充满生机及美好的生活情趣。

2. 审美功能

人类的发展是需要具备一定条件的，其中，良好的内部驱动力是必须具备的条件之一，而审美功能则是内部驱动力之一。学校体育文化的审美功能并不是显性的，而是隐性的，是看不见摸不着的，它融入学校学生的情感体验之中。学校体育文化在使学生的精神境界得到提升的同时，也使他们的精神世界得到提高和美化。

学校体育文化的产生与发展与体育运动是不可分割的，体育运动所追求的“更快、更高、更强”成为学校体育文化的追求和目的，将这三者有机结合起来就是美的体现，因此与审美有着密切的联系。

学校体育文化的实施与开展，有助于学生审美意识的提高。审美意识的产生与形成需要一定过程，需要不断的启发来得到提升。美具有形象感染性的特征，离开了感性认识就谈不上审美感知。

另外，除了通过体育锻炼提升自身的人体美之外，还要将体育与美育结合起来，充分展现运动美。学校中所开展的体育运动项目是丰富多彩、多种多样的，这些运动项目的技术动作本身就具有艺术性，充分展示了体育运动的竞技美、技术美和动作美。

除此之外，对美的鉴赏能力对于学生来说也是非常重要的，因为只有善于发现和鉴赏美，才能够全面而深入地发展体育的审美功能，才能进一步提升自身的美。学校体育文化则能以丰富的内容和独特的形式，培养学生的形体美、动作美、姿态美、仪表美和心灵美，使学生树立正确的审美观，提高感受美、鉴赏美、表达美、创造美的能力。学校体育文化还要对学生的意识倾向进行积极的引导，通过各项有效措施，来积极鼓励学生在体育运动中对体育美有更好的理解与体验，同时，还要积极养成自觉的审美意识。

3. 陶冶情操功能

（1）陶冶思想修养。学校体育文化活动对在校学生的影响和教育形式有很多种，其中，整体的环境、文化的氛围、实践的活动、激励的机制等是较为常见的几种，通过这些形式，能使学生积极、主动地投入到这一环境和氛围中，在学到了知识、活跃了生活的同时，也对他们的组织能力起到锻炼作用，使他们的合作精神和竞争意识得到培养和提升。比如，体育实践活动，能使学生的意志得到磨炼，使学生的性格得到培养和优化，由此，来使学生逐渐形成坚定的信念、科学的世界观和良好的道德品质、行为习惯，促使身心健康和全面发展的社会主义新型人格的形成。由此，应根据需要，有针对性地进行一些体育活动，从而有重点地陶冶学生的思想修养。

（2）陶冶情感品质。要对学生的情感品质进行培养，实现路径主要为情绪的自我调节和情感的自我优化。学校体育对于学生自觉性、果断性、坚毅性和自制力等顽强的意志品质的培养是有着重要意义的。体育文化无意识地对学校人进行文化的渗透，营造一种新型开放、团结活跃、积极向上的充满着青年人朝气的学校体育文化氛围，在全面推进素质教育中发挥其应有的作用。

第二章 CHAPTER TWO

学校体育文化建设与发展的学科理论基础

为促进学校体育文化的建设与发展，学校体育从业者还要掌握相关的学科理论，以这些学科理论为指导投入到学校体育工作之中，这样才能取得理想的教学效果，促进学校体育教育的进一步发展。具体而言，与学校体育文化建设相关的学科理论基础主要有学校体育学理论、体育传播学理论、体育人类学理论、体育法学理论、体育美学理论等。这些学科理论对于学校体育文化的建设与发展都具有重要的意义和作用。

第一节　学校体育学理论

一、学校体育的目的与结构

（一）学校体育的目的

历来，学校体育在体育文化体系中就占据着非常重要的位置，一个国家体育事业的发展如何，学校体育在其中扮演着非常重要的角色。一般来说，学校体育的目的有着极为明显的指向性特点，在体育目的的指引下，学校体育中的各项活动能够顺利开展。从我国学校体育发展的方针、学生的发展需求、现代体育发展的趋势来看，我国学校体育的主要目的是“促进学生正常生长发育，增强学生体质、增进学生健康，与学校各种教育相配合，培养学生良好的思想品德和意志品质，促使其成为德、智、体、美全面发展的社会主义建设者和接班人”[2]。

1. 确定学校体育目的的依据

（1）国家教育方针。长久以来，我国学校教育就比较重视文化知识与技能的传授，文化课在学校教育中占据着十分重要的地位。教育要全面贯彻“坚持育人为本，德育为先，实施素质教育，提高教育现代化水平，培养德、智、体、美全面发展的社会主义建设者和接班人”的教育方针。在学校体育发展的过程中，一切活动的进行都要以这一教育方针为依据，学校体育的目的对

于学校体育教育的发展至关重要，确定正确的体育目的是一个值得探讨的问题。一般来说学校体育教师要高度重视学生文化素质、心理素质和身体素质的综合发展，也就是说促进学生的全面发展，这是学校教育的要求，也是时代发展的要求和必然。

（2）社会发展需要。学校体育的发展还需要注重社会发展的需要，这是在任何时期都需要注意的。一般来说，社会需要主要是指社会经济、政治、科学文化等的发展对学校教育的要求。在具体的学校体育发展实践中，各项工作的开展都要考虑到社会发展的需要，只有如此，整个社会及学校教育才能获得发展。因此，在制定学校体育教育的目的或目标时，要充分考虑社会发展对学校教育的要求，强调学校教育要能培养出大量的推动社会发展的人才。

（3）学生身心发展特点。在学校教育中，学生是教学的重要主体，也是教学对象，学校体育目标或目的都要以学生的发展为出发点来确定。具体而言，就是由学生身心发展特点、学生个性、学生学习基础和水平等来确定，要保证每一名学生都能得到不错的发展。总体而言，主要包括学生的生理发展、心理发展及社会适应能力的提高等方面。生理发展主要包括身体正常发育、身体各项能力的提高等；心理发展主要包括认知能力与逻辑思维能力的提高、个性的发展等；社会适应能力主要是指学生快速适应社会的能力。

（4）学校体育的社会职能与教育职能。学校体育具有重要的社会职能与教育职能，这两个方面的职能缺一不可。社会职能主要表现在增强身体素质、丰富业余文化生活、提高运动技能水平等。提高学生的综合素质与水平。因此说，学校体育是社会职能与教育职能的充分结合。学校体育要在发挥其体育职能的基础上，充分发展并提高教育职能，促进学生终身体育意识的形成，积极进取、敢于拼搏、团结合作等精神的培养，如此才能实现学校体育教育的目标，促进学校体育的发展。

2. 实现学校体育目的的要求

（1）提高学校体育的地位。受升学率及就业率等因素的影响，目前我国大部分学校都非常重视文化课的教育，而在一定程度上忽视了体育教育及学生的课余运动锻炼，受此影响，学生的身体素质发展极不平衡，出现了各种身心不良状况。因此，学校教育既要重视基础文化课程的学习，又要重视身体素质的发展和提高，从而促进学生全方位发展，实现学校体育教育的目标。

（2）加强学校体育的科学管理。为提高学校体育教育的质量和效果，除了加强平时的课程教学外，还要注意学校体育的管理，提高学校体育的管理水平和质量。为实现学校体育管理水平的提升，要注意以下几个方面。

第一，构建一个科学与完善的学校体育管理体系，并对学校体育教学做出合理的评价，实现学校体育的规范化发展。

第二，加强师资力量建设，培养学校体育人才。

第三，加大学校教育资金的投入力度，搞好体育基础设施建设，为学生参加体育教学活动提供良好的基础和保障。

（3）培养学生良好的意志品质。我国学校体育教育的主要目的在于增强学生身体素质，提高学生的体育能力，促进学生的全面发展。为促进学生这些方面的发展，我们应采取各种手段与措施提高学生学习体育的兴趣，培养学生主动参加体育锻炼的意识与习惯。促进学生锻炼身体、增强体质，因此在体育教学中应结合学生的性别、年龄、运动基础、身体素质、接受能力等充分调动学生学习体育的积极性和主动性，以促进学生身体的正常发育和运动能力的提高。除此之外，除了加强学生身体素质的发展外，还要培养学生良好的意志品质，培养学生顽强拼搏、勇于奋斗的精神，从而为建设社会主义现代化服务。

（二）学校体育的结构

学校体育是一项有目的、有计划、有组织的教育活动，主要是在以学校教育为主的环境中，运用身体运动、卫生保健等手段，对学生施加影响，促进其身心健康发展[3]。一般情况下，学校体育的结构主要包括以下几个部分。

1. 运动教育

（1）体育与健康课程。体育与健康课程属于一门必修课程，它主要以身体练习为手段，目的是增进学生的健康发展。这门课程对于我国实施素质教育、促进人才的全面发展具有非常重要的意义和作用。

（2）课外体育活动。课外体育活动也是学校体育教育的重要内容，它是面向全体学生，在课余时间开展的以健身、娱乐活动为主要内容的体育活动。学生通过参加多种多样的体育活动能极大地促进自身各方面素质的发展，如身体素质、心理素质、社会适应能力等各方面的发展。

（3）课余体育训练。课余体育训练主要是针对具有运动天赋或者运动特长的学生而言的，通过在课余时间参加运动训练，这部分学生能有效提升自身的各方面素质与能力，促进自身运动水平的提升，能为我国竞技体育的发展培养一大批重要的后备人才。

（4）体育竞赛。体育竞赛是指在体育教学中，体育教师充分利用课余时间，组织学生以运动项目、游戏活动、身体练习等为内容，根据正规或简化或自定的竞赛规则进行比赛的活动。体育竞赛的主要目的在于促进学生各项竞技能力的发展和提升，或集体在竞技状态下各项素质的提高。

2. 健康教育

健康教育是一系列有计划、有组织的教育活动，主要内容是传授健康知识、建立卫生行为、改善环境。在学校教育中，对学生进行健康教育是非常有必要的，也是必需的，通过学生的健康教育能培养学生良好的生活与行为习

惯，促进学生的身心健康发展。在具体的健康教育过程中，要采取各种手段与措施培养学生的健康观念和意识，这对于学生终身体育意识与习惯的养成也是非常有帮助的。

3. 教育活动中的体育

在体育运动中，运动者运动能力的发展涉及的因素非常多。对于学校体育教学而言也是如此。在具体的体育教学实践中，体育教师要十分关注学生的身体素质与精神意志品质，这样才能充分发挥体育教育的最大效用。体育教育是学校教育的重要内容和组成部分，在具体的实践中，一定要将体育教育放在重要位置，将体育教学融于学校教育之中，提高学生的体育学习水平与能力。

二、学校体育的多元功能

（一）学校体育促进人的生理发展

学校体育教育对学生生理素质的促进功能主要体现在以下几个方面。

第一，通过学校体育教育，学生的身体形态能获得改善和提升，身体得到正常发育。对于青少年学生而言，他们的身体形态可塑性比较大。经常参加体育运动锻炼能塑造学生良好的身体形态，促进学生身体素质的极大发展和提高。

第二，通过各种形式的体育锻炼，学生的身体机能水平能得到进一步的发展和提升。大量的实践与事实表明，坚持长期参加体育锻炼对学生的神经系统、骨骼生长、新陈代谢等都有非常重要的作用。

最后，经常参加体育锻炼还能充分提升学生的体能水平，从而为参加各种活动提供良好的身体保障。在具体的学校体育教育中，学生要在体育教师的带领下积极参加体育教学活动或课余体育锻炼，逐步提升自身的身体素质，促进身体全面素质的发展和提高。

（二）学校体育促进人的心理发展

学校体育促进学生的心理发展主要体现在以下几个方面。

第一，情绪状态是衡量体育教学对大学生心理健康影响的最主要指标。通过学校体育教学可以转移大学生不愉快的情绪和行为，使其从烦恼中摆脱出来。参加学校体育教学活动，可以使学生的中枢神经系统得到适度的激活，使学生在进行锻炼后拥有舒适愉快的心情。

第二，大量的研究与实践表明，学校体育有助于学生摆脱压抑、悲观等消极情绪，消除焦虑、忧郁等心理障碍，使学生保持心理平衡，达到心理健康的目的。学生参加某项运动并坚持锻炼，不仅会改善自己的生理机能、身体素质，而且也会相应掌握并发展一些体育的技术技能。当取得这些成绩后，个体会以自我反馈的方式将信息传递给大脑，从而产生自我成就的体验，产生愉快、振奋和幸福感。

第三，经常参加体育锻炼还能促进学生情感的培养和发展。发展到现在，体育活动的内容和形式越来越丰富，这为学生提供了多种选择，经常参加各种形式的体育锻炼能有效培养学生的各方面素质，提升学生参与体育活动锻炼的积极性，还能有效缓解学生的心理压力，培养学生积极向上的乐观精神。

（三）学校体育促进社会适应能力提高

经常参加体育锻炼还能促进学生社会适应能力的发展和提高，这突出表现在以下几个方面。

第一，经常参加体育锻炼能有效提升学生的人际交往能力。只有人际交往能力得到提升了，学生才能在平时的生活与学习中与其他人进行有效的沟通与交流，为其今后的发展奠定良好的基础。

第二，经常参加体育锻炼能有效培养学生的竞争意识与精神。体育比赛讲究一定的竞赛规则，学生在参与体育活动或比赛的过程中，都要遵守既定的比赛规则。在遵守比赛规则的前提下与其他人展开公平的竞争。

第三，经常参加体育锻炼还能培养学生团结协作的集体主义精神。在学校体育教学中，大部分项目都属于集体性项目，需要团队之间的配合才能完成整个教学过程，通过这些体育教学活动，能很好地培养学生的合作意识与集体主义精神。

第二节　体育传播学理论

为促进学校体育文化的建设与发展，体育事业的从业者以及每一个人都需要掌握一定的体育传播学理论。只有在一定的传播学理论的指导下，学校体育文化才能得到更好地传播与发展。

一、体育传播的概念与功能

（一）体育传播的概念

体育传播是传播学的一个下层概念，它属于传播学的组成部分，在具体的研究中，体育传播是以传播学理论为基础，以体育信息传播为研究对象，研究体育在社会发展过程中的性质、特点和变化规律。

虽然体育运动有着悠久的历史，在历史的早期，体育就成为人类文明的重要组成部分，但是在传播学诞生与发展的初期，体育传播并未进入传播学的研究范围，体育研究多是作为教育学研究的重要内容得以发展，传播学与体育运

动之间的联系与融合是非常少的。但随着时代的不断发展，体育运动在社会发展中的地位也越来越高，体育传播学理论也随之不断丰富与完善，获得了一定程度的发展。实际上，体育传播学的内容始终是存在于体育运动发展过程之中的，我们可以充分运用体育传播学理论的高度来阐释体育文化的传播与发展。

（二）体育传播的功能

1. 一般功能

体育诞生的时间较早，最初人们参加体育活动的主要目的无外乎获得快乐，促进身体素质提高。伴随着时代的不断发展，体育的功能也开始逐渐多元化。

伴随着人们认识水平的不断提升，体育的多种功能与价值也逐渐被挖掘出来，体育也逐渐成为人们的一种重要生活方式。但是不论怎么变化，体育运动的健身功能、娱乐功能是始终存在的，这些功能是人们参加体育运动的主要目的所在。

伴随着时代的不断发展，体育文化得以迅速地传播与发展，通过体育的传播，人们领略到了体育文化独特的魅力，也充分认识到了体育的多元价值与功能。通过体育传播，人们也可以充分认识与了解体育的产生与发展的过程，逐步提升自身的体育知识水平和素养水平。

伴随着时代的不断发展，体育传播的功能得到加强，通过体育传播，各种体育游戏、体育活动、体育赛事等成为人们日常生活的重要内容，甚至构成了人们的一种生活方式，从中发挥着至关重要的作用和影响。

2. 工具功能

在社会不断发展的过程中，体育扮演着越来越重要的角色，通过各种途径的传播，体育运动得以迅速发展。但无论如何变化与发展，体育都不能脱离于社会而存在，体育与社会之间存在着极为密切的联系。体育作为社会意识形态的一部分，在任何历史时期都必须要服从于社会主流意识形态，跟随时代发展的潮流而发展。对于个人而言，人们参加体育活动的主要目的在于健身与娱乐，而对于一个国家而言，国家从事体育活动的主要目的则呈现出较强的政治性，一切体育活动或体育行为都要建立在国家利益和民族利益的基础上。由此可见，对于不同的主体，体育具有不同的功能，体育的这种工具功能发挥得淋漓尽致。如 20 世纪 70 年代著名的“乒乓外交”就是体育工具功能呈现的一个典型例子，通过乒乓球这一工具，中美两国之间的关系得到了有效改善，获得了共同的发展。

3. 教育功能

体育属于一种重要的教育内容和方式，通过体育教育，人的各方面素质都能获得不错的发展。伴随着时代的不断发展，体育逐渐成为促进人的全面发展的一种重要手段和途径。通过体育运动，人们不仅增强了体质，提升了心理素质，还从中受到了一定的启发，这是体育教育功能的彰显。通过体育教育，能将人们培养成为身体素质良好，心理品质健全的社会主义接班人。

4. 文化传承功能

体育传播还具有文化传承的重要功能，这一功能是不容忽视的。在体育运动发展的过程中，体育与人类之间的关系非常密切，与人类的游戏活动有着一定的传承关系，是人类文化发展的重要结果。与一般的游戏活动不同，体育具有重要的文化特征，同时还表现出重要的社会功能。但需要注意的是，二者之间的文化性还是相一致的，因为体育产生的要素之一就是游戏活动。当然，体育在发展的过程中还会受到物质因素、制度因素等社会因素的影响。但是不论如何，体育传播都属于一个文化的传承过程，从形式到内容，到技术的革新，再到竞赛规则的转变等都属于社会文化的集中体现。总之，体育传播的文化传承功能随着时代的不断发展会逐步增强，体育传播的这一功能理应受到重视。

二、体育传播学的研究对象与特点

（一）体育传播学的研究对象

体育传播学研究人类社会对体育思想、知识、理论、规则与运动方法、手段、技能、技巧等的衍生和传递，也包括体育运动作为一种社会文化现象的传递。它不仅涉及体育文化在体育界通过比赛、互访等形式的交流、传播，同时也涉及在体育事务经营管理中的传播，更涉及体育与大众传媒的相互关系。其研究对象主要有体育传播的历史、体育传播的形态、体育传播的结构三个方面。

（二）体育传播学的研究特点

（1）边缘性和交叉性。体育传播学既是传播学在体育领域的表现和运用，又是体育学在传播学中的延伸和拓展，是传播学和体育学相互渗透的结果。

（2）理论性和应用性。在现代信息技术的推动下，体育已由旨在增强人类体质健康的活动和身心教育的手段，发展成为一种影响广泛的大众文化和规模巨大的产业。体育与人们的文化生活和经济利益紧密相连，其发展需要科学的、系统的理论指导。体育传播学能在一定程度上解决体育事业发展中的各种问题，呈现出鲜明的理论性与应用性特点。

（3）整体性和互动性。体育传播学的整体性和互动性是建立在其理论基础上的。体育传播学的理论基础，不能摆脱整体性和互动性。

（4）综合性和开放性。体育运动本身就是一种开放系统，同时，体育又是一种扎根于历史传统的文化。

三、大众传播媒介及对体育的作用

（一）大众传播媒介的特点和功能

体育传媒是以体育运动为传播内容的信息传播活动和行为，并对发生在体育运动领域中的传播现象和传播行为进行研究。随着现代社会的不断发展，体育传播的手段和媒介也越来越多样化，其中大众传播媒介就是重要的内容。通过大众传播媒介，人们的信息沟通方式发生了一定的转变，由以往的以人为中介、个体面对个体的方式，转变为以传播工具为媒介、媒介面对群体的方式。这种传播方式的转变代表了时代的发展和进步。

1. 大众传播媒介的特点

总体而言，大众传播媒介主要呈现出以下几个方面的特点。

（1）信息来源的普遍性。伴随着科学技术的发展，各种高科技手段在大众传媒中得到了广泛的利用，这就突破了民族和地区的限制，通过各种先进的传播媒介，人类在政治、经济、社会、文化等方面的成果被清晰地展现出来。

（2）强烈的时效性和敏感性。在现代社会背景下，各种事物的发展和变化都非常大，大众传播媒介能够将信息快速地传播出去。如今，电视、互联网、通信卫星等技术手段获得了极为迅速的发展，成为重要的传播手段。

（3）受众普遍性。大众传播媒介还具有受众普遍性的基本特点，这一特点主要体现在其面对的是社会上所有的人，不论年龄与性别，不论集体或个人，不论社会阶层与地位等。

2. 大众传播媒介的功能

（1）赋予人物、事件和社会活动以某种社会地位。通过大众传播媒介的运用，它可以赋予人们某种社会地位，使人们树立威信，提升人们的自信心。另外大众传播媒介还具有一定的评价功能，能在一定程度上影响人们对某件事情或社会活动的评价。

（2）社会控制的媒介。通过大众传播媒介，社会公德和规范能够得到一定的明朗化，同时，人们的各种行为也会受到一定的社会舆论的监督。

（3）模拟社会环境。通过大众传播媒介，人们能学到丰富的知识，对人们的日常生活和社会发展都产生重要的影响。大众传播媒介可以在人们的日常生活中起到重要的模拟环境的作用。发展至今，以电视、网络等为主体的大众传播媒介对人们的生活产生了强大的冲击和渗透，使人们提出了信息环境及其现代人性特征的变化问题。通过各种传播手段，人们的生活变得更加丰富多彩。

（二）大众传播媒介对体育文化的作用

1. 大众传播媒介促进人们产生积极的体育态度和行为

现代社会的不断发展，出现了各种崭新的传播手段和方式，电视、网络等就是重要的传播手段。通过电视及网络的传播，人们开始接触和了解不同内容和形式的体育运动，这不仅丰富了人们的体育文化理论，而且还激发了其参加体育锻炼的热情。可以说，大众传播极大地促进了人们产生积极的体育态度和行为，促进了人的全面发展。据《中国电视观众现状报告》："对体育节目的兴趣随年龄的增长而递增，青年观众的收视兴趣较浓；男性观众的收视兴趣高于女性观众；城市观众兴趣高于农村观众；经济状况较好的观众兴趣高于经济状况较差的观众；随着文化程度的增高，观众对体育节目的收视兴趣也渐渐浓厚。"这一情况与我国体育人口的分布基本相符，充分说明了大众传播媒介的重要作用和价值。

2. 大众传播媒介缩短了体育活动与人们之间的社会距离

在当前社会背景下，体育运动已渗透到人们的日常生活及社会的各个角落，人们参加各种形式的体育活动能极大地丰富自身的精神文化生活，增进参与者彼此之间的联系。在体育运动发展的过程中，大众传播媒介可以说是在体育与大众之间筑起了一座沟通的桥梁。大部分的社会成员都是通过体育宣传、体育报道等途径认识与了解体育运动的。一般情况下，体育爱好者、运动员、体育从业者等都受到大众传播媒介的影响，在大众传播媒介的影响下，人们参与体育活动的欲望也更加强烈。

3. 大众传播媒介加快了体育运动的传播，加大了体育运动的社会覆盖面

当今社会已进入信息化快速发展的轨道，在这样的时代背景下，大众传播媒介获得了极为迅速的发展，通过互联网技术手段，人们即使不能亲临现场也能通过网络直播看到实时的比赛画面，享受体育比赛带来的欢乐。因此，大众传播媒介使体育运动的社会覆盖面越来越大，影响越来越深。

4. 大众传播媒介为体育树立形象

大众传播媒介是一种重要的传播途径和手段，这一传播途径能帮助运动员、教练员、裁判员等提升自身的知名度和影响力。在当今体育比赛竞争日益强烈的情况下，大众传播媒介已成为教练员、运动员的重要战术手段，通常能取得意想不到的效果。

5. 大众传媒为社会提供体育娱乐、改变人们的生活方式

现代社会是一个信息化社会，通过网络观看体育赛事成为人们的重要选择。调查发现，目前我国城乡居民参与体育的重要形式是观看电视体育节目和阅读体育报刊，这说明体育娱乐成为人们重要的休闲方式，这从侧面表明了体育运动在当今社会中的地位。

6. 大众传播媒介增强了体育运动吸引社会注意力的能力

体育运动在社会上的影响力越来越大。各种类型体育赛事的传播，能吸引广大的社会群众参与其中，丰富和改善他们的生活，同时减少社会犯罪，这是

促进青少年身心健康发展的一个良好手段和途径。

7. 大众传播媒介促进体育产业和体育市场的发展

在当今社会背景下，利用各种大众传播媒介，在体育比赛中插播商业广告，成为筹集赛事资金的一种重要手段。可以说，竞技体育的生存和发展需要大众传播媒介这个重要支柱支撑。大众传播媒介促进体育产业及其市场不断地发展。

第三节　体育人类学理论

一、体育人类学的概念

体育人类学是运用人类学的理论和方法，对与人类有关的体育文化活动进行研究的一门学科。体育人类学的发展已经有了一段时间，它主要是以人类的视角去看待体育运动的发展，揭示与归纳体育运动发展的规律，对体育的起源、进化、发展和变化等问题进行深入的研究与分析。除此之外，体育人类学还研究人类运动文化与自然环境的关系，研究体育文化的传播与发展，研究体育运动发展对人类社会的意义，研究体育在各个历史时期的价值与功能等。由此可见，体育人类学涉及的研究内容是非常多的，研究范围也十分广泛。

总而言之，一切运用人类学的理论和方法，从生物学和文化两个方面，对人类的体育及相关的文化现象的研究，都可以归为体育人类学的范畴。随着时代的不断发展，体育人类学的研究越来越受到重视，成为体育文化研究的一个重要手段。

二、体育人类学的研究领域

（1）研究体育运动在人类各个历史时期的发展，研究体育运动中的各种行为，研究各种体育参与者使用话语表达的特点及其社会功能，探讨人类在体育文化交流中承担的各种角色等。

（2）以考古学、文化人类学和语言人类学等为视角研究各种体育文化现象的起源、演变与发展，研究其传播的方向与趋势。

（3）以体育人类学及文化学为视角，研究体育与其他文化现象之间的关系，研究体育文化对其他文化现象的促进作用。

（4）研究不同地域环境、不同民风民俗的体育运动发展的相关问题；研究不同种族的人类群体在运动能力方面的差异性，研究如何提升运动员的竞技运动水平。

（5）研究不同人群的体育、竞技和体育娱乐活动，研究体育文化如何与人类获得共同发展。

总之，伴随着人类社会的不断发展以及体育人类学理论的日益完善，其研究领域也日益扩大，我们要充分利用好体育人类学基本理论，去探讨与研究体育文化在学校中的传播与发展。

三、体育人类学的任务

（一）建构认识体育的新视角

体育人类学这门学科诞生的时间还是比较早的，它属于一门综合性学科。随着时代的不断发展，这门学科的研究范围也逐步扩大，从最初的研究人类的起源和发展，人体发育的特征与规律等，逐渐延伸到体育对人类社会文化的影响，体育运动中的人种差异以及各种体育原理的深层次文化研究等，这些都表明了体育人类学研究的发展和进步。

体育人类学的特点十分明显，伴随着时代的不断发展，其研究范围也越来越广泛。它直接明确地涉及世界各地不同区域、不同时期的人们，而不仅仅局限于特定区域或特定历史时期内的人们。与其他学科相比，体育人类学具有综合性与视野开阔的特点，能从全局把握体育事业发展的脉络，具有一定的科学性和先进性。

可以说，人类学对于体育运动具有宏观的意义，是封闭体育向开放体育、现代体育向未来体育过渡的文化理论支柱。对于体育研究者而言，人类学家的那种将古往今来不同民族、不同地区的文化现象尽收眼底并作通盘考虑的恢宏气度，不失为积极效法的榜样。

体育人类学是一门综合性学科。它从人类自身及文化的起源、进化和变异，人类的体质和文化对不同自然环境的适应，人类文化的交流和传播，人类体型的种族和年龄差异，人类文明发展的特点等角度探讨体育的起源、进化、发展和传播，研究不同种族群体在体型和竞技能力上的差异，社会发展和分工对体育的需求等问题，能够更加宏观地把握体育与人类协调发展的进程。通过体育人类学理论的应用，人们能清晰地认识到体育运动对于人类社会发展的意义，能构建人类认识体育的新视角，推动体育文化的进一步发展。

（二）传承人类文化遗产

民族传统体育是我国重要的传统文化内容，它是体育起源和发展各阶段诸形态的活化石，是挖掘和创造新体育项目和形式的源泉，因此关注民族传统体育的发展是尤为重要的。

文化人类学是一门重要的学科，其研究的内容非常丰富，在文化研究的体系中可以剥离出体育的原生状态。通过文化人类学的研究，人们能从本质上认清体育文化的概念与发展方向，也能搞清奥林匹克运动是如何产生与发展的。

而体育人类学作为民族传统体育学的一门基础学科，对民族传统体育的发展具有重要的指导意义，在这门学科的指导下，人们可以充分挖掘民族传统体

育的内涵与价值，筛选出其中对社会发展有益的成分，进一步丰富与完善我国的体育文化体系。

（三）摆脱单纯追求人体极限的误区

竞技体育可以说是体育运动的一颗璀璨明珠。竞技体育的发展在很大程度上代表着人类体育运动发展的水平。运用体育人类学理论可以全方位地分析竞技体育的价值，让人们充分认识到竞技体育的重要性。

除此之外，运用体育人类学的基本理论，人们还可以对世界不同地域各族群的体育运动进行对比研究。研究的重点集中于体育的起源、演变、传播与变异等几个方面。运用体育人类学的相关理论还可以推断出竞技体育与人类生存环境之间的关系，让人们充分认识到体育存在的价值及意义。

（四）准确把握体育的发展轨迹

在传统的研究背景下，主要借用教育学的方法来研究体育的发展，这一研究的局限性较大，往往只把眼光放在了学校体育上。而从人类学的角度，能更好地把握青少年的生理和心理的发展，能运用健康教育的途径来提高体育教学水平，促进学校体育的发展。

体育可以是人类经过各个时期的发展而创造出来的一种社会文化，无论体育如何变化与发展，都是建立在身体基础之上的。因此，对体育的研究要始终考虑体育对于人类体质和健康的终极效果，否则就会出现一定的错误。

体育人类学正是要结合体质和文化人类学，探讨社会的异化导致的体育特殊需求，揭示体育与人类其他人文社会实践活动的联系，确立体育实践活动在未来社会的行进方向，以保障体育与人类的发展协调同步。

第四节 体育法学理论

体育法学是揭示体育法律社会现象和体育法律规范产生、发展的内在规律性以及他们内在机制的综合性的交叉学科。作为体育研究人员或者学校教育工作者，了解与掌握体育法学的基本理论也是非常有必要的，这能帮助其解决各种体育法律问题。

一、体育法学研究的对象与特点

（一）体育法学研究的对象

（1）研究如何运用法律调整体育中的各种相互关系。

（2）研究体育法律的组成内容及效用。

（3）研究如何构建一个健全的体育法学体系。

（4）研究如何建立一个完善的体育法律的研究方法体系。

（二）体育法学研究的特点

1. 专业性

体育法学研究具有很强的专业特性，它主要是针对体育这一社会活动现象中的各种法律问题和社会关系，体育事务间存在的客观规律和矛盾进行细致的研究，这一研究具有较强的科学性和专业性特点。

2. 社会性

体育法学研究针对社会发展对体育的要求以及体育法律关系进行研究，对社会会产生较大的影响，呈现出一定的社会性特点。

3. 可操作性

体育法学研究要为体育法律的理论建设与实践操作而服务，研究和解决体育实践中的种种法律问题和体育在社会生活中与其他社会现象相联系的法律问题，因此，体育法学研究还具有重要的可操作性特点。

二、体育法学研究的意义

（一）健全社会主义体育法制体系

伴随着时代的不断发展，社会各个层面的发展都需要法律的保障，体育事业的发展也不例外。中华人民共和国成立后，我国颁布并实施了大量的体育规章制度，但并没有建立起一个相对健全和完善的体育法律体系，现有的体育法存在着不协调、不配套等方面的问题，体育界无法可依或有法不依的情况也时有发生。因此，加强体育法学的研究，构建一个健全和完善的体育法律体系势在必行。

体育法律体系的建设对于我国体育事业的发展至关重要。用法律管理体育事业，既是国家民主与法治的重要职能，又是促进体育事业发展的重要手段。在国家对体育事业的组织和管理中，如何运用法律手段解决相关的体育问题，如何贯彻体育职能部门的基本原则，以及如何制定各类体育法规等重大问题，都是体育法学的研究内容。

（二）促进各国或地区间的体育交流

伴随着我国与他国之间沟通与交流的日益密切，我国体育事业获得了前所未有的发展。尤其是在社会主义现代化建设的今天，无论是开展同各国、各地区的体育组织之间的合作交流，还是参加各种体育比赛，都要求遵循体育活动中的国际惯例。通过体育立法，我们能更好地解决本国体育法与国际体育法和国际体育惯例的衔接问题，能很好地保护国家利益，不受他国的侵犯。

（三）有利于体育法学研究的学科建设

发展至今，体育法学还是一门相对崭新的学科，自身的特色不是很明显，同时还存在着一些体育相关的理论问题尚未涉及，这使其很难适应我国当前的政治、经济形势以及体育事业的发展形势。因此，为加强体育法学研究，进一

步完善体育法学体系，还需要建立一支高水平的体育法学研究队伍，积极投入到体育法学的研究之中。

三、体育法学中的各项研究热点

（一）体育权利问题的研究

伴随着现代社会及竞技体育的不断发展，体育法学研究也逐步深入。体育法学的研究者开始关注公民体育权利的保障问题。另外，体育权利问题的研究还涉及对公民体育权利的界定，体育权利在公民权利体系中的地位，公民体育权利的确认和保护，大众体育权利与义务的特征，运动员、教练员、裁判员、体育教师等体育工作者的权利等多方面的内容。但无论如何，将研究的视角落在公民的身上，才能使体育法学研究具有真正的实证价值，帮助人们正确认识与理解体育法律，保障公民的体育行为。

（二）体育仲裁问题的研究

在体育运动中，时常会发生一定的摩擦和冲突，出现各种体育纠纷事件，当出现这些问题时要通过法律途径来解决。体育领域许多问题的专业化和技术性特点，决定了运用体育仲裁是解决体育相关问题的有效方法和手段。但是到目前为止我国还没有建立处理体育争端的专门仲裁立法，因此，需要出台体育仲裁的行政法规，建立纳入国家统一仲裁法律体系的体育仲裁制度。这对于我国体育事业的发展具有重要的意义。

（三）兴奋剂问题的法律研究

在竞技体育中，兴奋剂历来都是一个十分敏感的话题，同时也是体育法学研究的热点。近年来，我国在反兴奋剂问题研究方面有较大的进展。兴奋剂控制不仅属于体育纪律和体育道德规范的范畴，也属于法律法规的范畴。为了保护运动员及社会公众的身心健康，维护体育竞赛秩序，切实履行我国在申办2008年奥运会时向国际社会所作的承诺，有必要就反兴奋剂问题制定专门的法律法规。有的研究还建议在现有的行政管理体制框架内，在加强国家对反兴奋剂斗争的领导与干预的前提下，充分发挥各体育协会自律管理的作用。在体育运动不断发展的背景下，加强反兴奋剂的研究是需要一直进行的，这在任何阶段都不能忽视。

第五节　体育美学理论

一、体育美学研究的对象与方法

（一）体育美学的研究对象

体育美学的研究对象可以从客观和主观两方面来认识。客观方面主要是研究体育活动中实际存在的美，正确认识审美对象；主观方面主要是研究体育活动中以美感为核心的审美意识；研究如何利用审美意识进行再创造。这是体育美学的主要研究对象。

体育美学的研究内容是非常复杂的，首先要把握住体育中特有的审美对象，弄清在体育活动中到底有哪些具有审美价值的东西，然后才谈得上分析体育活动中特有的美感，最后才能获得有价值的成果。研究体育活动中的美是非常有必要的，充分挖掘体育运动的美对其健康发展具有重要的意义。

（二）体育美学的研究方法

体育美学与哲学、伦理学、史学、心理学、教育学等学科之间有着十分密切的联系。下面重点阐述体育美学的研究方法。

1. 美学研究法

美学研究法是指运用理论与实际相结合，历史与逻辑相统一的方法对体育的美进行深入研究。其中，经验描述法、比较分析法等都属于重要的美学研究法。美学与哲学之间的联系非常密切，任何美学问题的研究都是以一定的哲学作为基础的，因此美学研究还要建立在哲学研究基础之上。

2. 自然科学实验法

自然科学实验法的优点在于可以重复实验和进行定量分析，为定性研究提供数据，因此它在研究社会审美心理、审美经验等方面具有优势。实验者往往用大量的受试者并重复实验来抵消偶然误差的影响。对尽可能多的实验数据进行统计学处理，希望使与体育有关的审美经验的实证研究进入定量化阶段。然而，由于人们的审美感受来自各种错综复杂且相互紧密渗透的不同因素的综合影响，所以实验方法和定量分析难度较大，宜作为宏观定性研究的补充。

3. 系统论等新方法

系统论、信息论、控制论属于重要的研究理论与方法。系统论是指将审美意识作为反馈参与控制，将审美活动作为一个系统，根据事物表象之间的相似程度，或按照其内容进行有阶段、有层次的垂直与纵向的分类，要求具有一定稳定性和独立性，使得纷乱的现象可以按照邻近层次的相互关系和规律找到自己的位置，组成具有反馈功能的网络模型，使之成为一个有指导意义和预测价值的体系。在体育美学研究中，系统论是一种重要的研究方法，如今得到了广泛应用。

二、体育与美感

在我们日常生活中，处处可见美的存在。美感具有广义和狭义之分。狭义

的美感是指审美主体对于当时当地客观存在的某一审美对象所引起的具体感受，即审美感受；广义的美感是指审美主体反映美的各种意识形态，包括审美感受，以及在审美感受基础上形成的审美趣味、审美体验、审美理想、审美观念等所共同组成的意识系统。

在日常生活中，人们对美感的评价带有一定的情感色彩，主要是依据自身的情感判断。这种情感评价活动是通过个体的直接感受和情感反应实现的，不可避免地带有个人爱好的主观倾向性。美感有主观性和相对性。健康的身体是人产生美感的重要物质基础，人的各方面发展都建立在健康身体的基础上。美学研究认为，人体的一切机能都对美感的获得有贡献，健康的身体给人带来纯粹的快感，提供闲暇时的兴致和精力，使人从事游戏和艺术而达到一定的审美境界。

人们在参加各种形式的体育活动锻炼中，身体各感官能获得充分的刺激和感受，这是人们获得审美境界的初步阶段。人的身体在运动中，通过奔跑、跳跃、冲刺、滑行、旋转、翻腾、滚动、摇晃、碰撞、升降等动作，强烈刺激着人的神经系统和感觉器官，使我们获得运动感、肌肉感、时空感、立体感等，从而为创造美建立必要的基础。

一般来说，体育活动都能产生美感，这是审美主客体的同一性——即运动者的美既可以为别人欣赏，也可以自我欣赏，审美对象本身也可以同时产生审美意识。

体育美学属于一门探讨体育美感的新兴学科，它主要研究体育运动过程中美的发展与规律，以及人如何表现、认识、反映和掌握这些规律。

三、体育与美育

在学校体育教学中，要注意培养学生发现美、欣赏美的能力，可以从以下几个方面进行。

（一）培养美的感受能力

在学校体育教学中，培养学生美的感受能力，要从体育和卫生的角度来训练和保护人们的感觉器官，以利于日后健康地参加审美活动。这个问题尚未引起足够重视。美具有形象感染性的特征，离开了感性认识，谈不上审美感知。在此基础上，要正确引导意识倾向，鼓励人们在运动中尝试美的内在体验和自觉的审美意识。

（二）培养美的鉴赏能力

在体育教学中，培养学生鉴赏美的能力也是尤为必要的。在具体的教学活动中，应该注意系统地传授体育知识，把竞技常识与美学原理结合起来，以便使大多数不能参加高水平运动训练的人能够在观看竞技比赛中获得美感。虽然运动者和观众对运动的欣赏和快感都会由于运动美的增多而得以逐步增强，但事实上由于两者本质上的不同，其审美程度亦有所不同。体育运动的观众所享受到的美感多半是视觉的感受，而作为运动者既是视觉的感受，也是神经与肌肉的感受。因此，体育教学目的的一部分应放在培养人成为一个具有运动能力和审美能力的体育观众方面，在参与体育活动或比赛的过程中逐步提高学生的鉴赏美的能力。

（三）培养美的表现能力和创造能力

在学校体育教学中，培养学生对美的表现能力和创造能力，实际上是培养学生审美意识如何外化的问题。具有艺术创作才能的人，将运用各种艺术形式创造出比体育现实更集中、更强烈的艺术美；而多数人只能将审美意识反作用于自己的生活。在这方面，体育中实施美育的特殊性表现得尤为明显。在平时的体育教学中，体育教师要善于培养学生美的表现和创造能力。

第三章 CHAPTER THREE

建设体育强国背景与学校体育文化发展概况

体育强国是新时期我国发展体育事业的重要战略，是实现中华民族伟大复兴的重要思想力量，而学校体育是建设体育强国、实现体育强国梦的重要基石。大力发展学校体育对实施体育强国战略具有重大意义。本章主要就建设体育强国背景与学校体育文化发展概况展开研究，首先分析建设体育强国的产生背景和相关内容，其次系统地阐述我国党和国家领导人的体育强国思想，最后探讨学校体育在建设体育强国战略中的重要性及从着眼于学校体育新格局的构建来助力建设体育强国。

第一节　建设体育强国的产生背景及相关内容

一、建设体育强国的产生背景

随着中华民族社会主义强国建设工作的逐步展开，体育强国问题也开始被提上议事日程。有研究资料显示：1964 年，国家体委主办的内部刊物《体育参考》刊登了译文“《朝日新闻》分析东京奥运会各项比赛”一文，首次使用了“体育强国”一词。1979 年，国家体委确立了“体育领域应及时地从过去抓政治运动转移到抓体育业务工作中来，转移到攀登体育高峰上来”的发展思路。1982 年，在印度新德里举行的第九届亚运会上，中国取代日本成为亚洲竞技体育领先者；在 1981—1984 年中国女排获得“三连冠”，进一步激发了全国人民的生产工作积极性与爱国民族情结；1984 年第二十三届洛杉矶奥运会上中国代表团获得 15 枚金牌更是举世瞩目。1983 年，国务院批准了国家体委《关于进一步开创体育新局面的请示》。1984 年 10 月 15 日《中共中央关于进一步发展体育运动的通知》中明确肯定了将“建设体育强国”作为努力的目标。在上述党和政府指示以及社会现实的双重作用下，1985 年，国家体委在青海省西宁召开的第一次全国体育发展战略讨论会上，将“实现体育强国的战略目标”写进了我国体育发展规划中，这标志着我国确立了把我国建设成为世界体育强国的目标。20多年以后，在2008年第二十九届北京奥运会上，中国运动员获得了51枚金牌，远远超出美国的36枚金牌数，这进一步激发了人民群众的民族自尊心与爱国情结，再加上中国百余年的屈辱史，任何火花都可能点燃中国人民的爱国热情。2008年9月29日，胡锦涛同志在北京奥运会、残奥会总结表彰大会上的讲话中，明确发出了“要进一步推动我国由体育大国向体育强国迈进”的号召。在此背景下，体育界开始讨论如何理解并实现中国由体育大国迈向体育强国，而且建设体育强国也日渐成为我国各级体育管理部门工作的重要内容[4]。

总之，20世纪80年代，体育被纳入我国社会主义强国建设的轨道，并提出了建设体育强国的战略目标；21世纪初，体育强国问题再次成为热点，成为我国政府体育相关部门的重要工作内容。

二、体育强国的本质

体育强国的含义具有综合性、时代性、动态性，体育强国的判断标准并不是固定的，随着一个国家综合实力的增强、在国际上地位的变化以及其他国家综合实力的提升，体育强国的标准和含义也会有所变化。体育强国的含义具有相对性，因为不管是体育大国，还是体育强国，都是相对于其他国家而言的，而且要在一定的世界体系中才能体现出来。在某一历史时期或世界体系中被誉为体育大国或体育强国的国家在其他历史时期或其他世界体系中不一定能长期保持大国或强国的地位。所以说，我们要从动态的、多维度的以及相对化的视角来评判体育强国。

我国要从现在的体育大国迈向体育强国，还有很长的路要走，在体育强国建设过程中要努力将我国打造成为体育资源强国，要充分实现大众体育、竞技体育以及社会体育的协调全面发展，要大力发展体育产业，提高体育事业在国内外的重要影响力。体育强国的这些内容与建设要点构成了体育强国的本质，下面逐一进行分析。

（一）体育资源强国

开展任何一项活动都要先准备好充分的物质资源和非物质资源，良好的资源条件是顺利开展活动的基础与前提。如果没有必要的资源，活动计划将难以开启。一个国家的经济实力如何，首先体现在物质资源上，这是非常重要的硬实力指标。一个国家体育运动的开展是建立在丰富的体育物质资源这一基础上的，一个国家体育运动的开展效果如何直接由该国体育物质资源的多寡和优劣所决定。非物质资源也是非常重要的资源条件，是国家软实力的衡量指标之一。建设体育强国离不开体育非物质资源的参与，如体育体制、体育文化、体育形象等，这些非物质资源所具有的亲和力、感召力和吸引力虽然是无形的，但它们

带来的影响力却是巨大的，可以说这些体育非物质资源是建设体育强国的灵魂。

我国建设体育强国，不仅需要大量优质的体育物质资源，同时还需要完善的体育体制、丰富的体育文化以及良好的体育形象等非物质资源，这两类资源既相对独立，又密切联系，二者相互协调、相辅相成。体育非物质资源本身是无形的，所以要依赖有形的物质资源这一重要载体才能得以表现与物化，体育物质资源又具有延伸性，主要体现在无形的体育非物质资源中。在全球化时代，在信息化社会，物质资源对于体育强国建设至关重要，这是有目共睹的，而非物质资源的传导性、扩张性也是显而易见的，这类资源直接影响体育运动的开展方式，因此也要给予高度重视。在体育强国战略实施中，要重视对这两类体育资源的综合运用。

（二）大众体育、竞技体育、学校体育全面协调发展的强国

世界各国发展体育事业，都重视大众体育、竞技体育和学校体育这三大内容，很多体育建设工作都是围绕这三大内容展开的。可以说，要建设体育强国，就要先确定这三者协调全面发展的核心地位。

一方面，我国社会转型要实现由体育大国迈向体育强国的战略目标，就必须全方位、系统地发展体育事业，使大众体育事业、竞技体育事业和学校体育事业各自都很强，而且三者相互之间和谐发展，这样我国才具有向体育强国迈进的资本。如果只是单独某方面体育事业发展得好，而其他体育事业发展滞后，或者说三者之间的发展没有形成和谐的局面，那么我们的体育强国建设之路就会严重受阻。

另一方面，大众体育、竞技体育、学校体育在我国体育事业系统中占据重要地位，所以在体育强国建设中这几方面既是基础，也是重点，只有这几项体育事业发展好了，才能具备良好的条件去开展其他形式的体育活动，否则就难以充实与完善体育法规体系、普及开展群众体育活动、走竞技体育职业化和商业化发展之路以及提升外部影响力。

促进人民群众体质的增强和中国体育在国际上影响力的提升是我国建设体育强国的重要任务，其中第一项任务增强人民群众体质也是发展大众体育事业的必要条件。发展大众体育和竞技体育可以培养全民对体育锻炼的热情与积极性，竞技体育的发展也有助于增强全民的民族自尊心和自豪感，培养民族自信。竞技体育是国家展现体育实力和促进我国在国际体坛地位提升的重要手段。学校体育肩负增强青少年体质、培养体育人才和为国家现代化体育事业建设输送优秀人才的重任。在大众体育、竞技体育这两大体育事业的发展中，学校体育承上启下，发挥了非常重要的作用。

（三）体育产业强国

我国要在世界体坛向其他国家展现体育综合实力，一方面要依靠竞技体

育，另一方面要依靠体育产业。

竞技体育的发展能够将国民素质、国家形象展现出来，能够将大众体育活动的开展带动起来，能够激励国民树立民族自尊心、自信心，能够使我国在国际体坛的地位得到提升。我国体育事业的发展实力与潜力能够通过竞技体育比赛得到充分展现。

大力发展体育产业，有助于提升我国的经济实力和体育实力，随着体育产业的地位在产业结构中的提升，其在国际上产生的影响力不可小觑。我国体育产业的发展模式也为其他发展中国家提供了重要的借鉴与启示。

发展体育产业和竞技体育都是我国进行体育强国建设的战略重点，在具备体育资源的条件下发展竞技体育和体育产业，能够产生很大的国际影响力，而且还对其他领域体育活动的开展具有引导与激励作用，促进各项体育事业和一系列体育活动不断升级优化。

总之，我国要建设体育强国，就要依赖丰富的体育物质资源和不断健全完善的体育非物质资源，在具备这一前提下，推动大众体育、竞技体育以及学校体育的全面协调发展，再通过发展体育产业来提高国际影响力。新时期体育强国建设是一项系统而复杂的工程，体育强国的上述本质内容是战略重点，必须予以高度重视。

三、由体育大国迈向体育强国

在社会主义初级阶段，政府立足国情，在对我国体育发展实践加以总结、对体育强国事业发展经验予以借鉴的基础上，顺应时代要求，提出了重要的由体育大国迈入体育强国的战略。当前，我国在竞技体育、大众体育以及体育产业等方面的发展现状制约了我国向体育强国发展的进程，因此必须针对各自的现状探索新的发展路径，促进体育各项事业的发展，最终推动我国体育强国建设进程，早日实现关系中华民族伟大复兴的体育强国梦和中国梦。

（一）竞技体育领域

1. 居安思危，高瞻远瞩

我国在近几届奥运会上取得的金牌数十分可观，在北京奥运会上的金牌数更是排在世界第一，我国在奥运会上取得的好成绩说明了我国为迎接奥运会做好了充分的备战工作，展示了我国在竞技体育领域的实力。我国应该将在每届奥运会上取得的好成绩作为发展竞技体育事业的新起点，作为鼓励我们继续努力拼搏的重要力量，并更好地为下一届奥运会的到来而备战，切忌过于沉浸在可喜的成绩与荣誉中，沉浸在光环中无法自拔，要懂得居安思危，要有长远目光。

2. 构建多元化的经费保障体系

发展竞技体育离不开体育经费的支持与保障，构建并完善体育经费体系能

够为我国竞技体育事业的发展提供强大的支撑与重要的保障。对此，我们要对现有经费体系进行改革与完善，如深入改革预算制度，在预算上加强监管，对体育公共财政体系予以健全和完善，并争取从多元渠道获取经费来不断支持竞技体育工作的开展，如社会体育团体渠道、企事业单位渠道、体育彩票渠道等，突出经费保障体系的多元化，减轻政府财政负担。

3. 打造竞技体育新格局

和体育强国相比，我国竞技体育的发展还是有不足之处，虽然我国在奥运会上获得的金牌成绩可喜，但是从金牌和奖牌在各个项目中的分布来看，存在严重不平衡的问题，如优势项目包揽了很多奖牌甚至是全部金牌，但劣势项目有“颗粒无收”的现象。所以新时期我国要迈入体育强国，就要在竞技体育领域改变这一现状，一方面继续保持金牌大项的优势，并进一步予以强化，另一方面重视发展弱项，争取在奥运会上获得具有代表意义的奖牌，促进各大体育项目的平衡发展，进而推动竞技体育的可持续发展。

4. 完善竞技体育体制

举国体制是我国体育事业的重要体制，是我国发展竞技体育的重要依靠，举国体制的重要性和不可或缺性从我国在奥运会上取得的成绩中已经得到了证明。举国体制的强大功能与影响力可从非均衡发展理论的视角来解释。产生于特殊历史时期的举国体制在提升我国竞技体育实力方面发挥的作用有目共睹，新时期我国依然要坚持举国体制来改善我国竞技体育项目发展不平衡的问题，但也要顺应时代要求，立足国情而完善这一体制，以继续发挥该体制的重要作用，以实现竞技体育项目均衡发展的目标。

5. 重视科研，提高科研成果的利用率

竞技体育领域的竞争越来越激烈，体育科研成果运用于体育赛场上发挥了举足轻重的作用，如依托科研成果而提供了先进的运动器材设备，设计出科学有效的训练方法。各个国家在这些方面在不断提高科研力度，我国也要抓紧这方面的科研工作，体育院校要注重对科研人才的培养，国家要重视适当增加科研经费，从而为获得更多科研成果提供良好的资源保障，将多种科研成果运用到实践领域，以使我国竞技体育实力的优势得以长期保持，助力我国竞技体育的进一步发展。

6. 完善竞技体育人才培养模式

人才的竞争是竞技体育竞争的根本所在，所以各国为提升自己的竞技体育实力，不惜投入大量的资源来培养竞技体育人才，尤其是培养优秀的体育运动员。相比而言，我国不管是选拔与培养运动员，还是处理退役运动员的安置问题，都不及体育强国做得到位。目前来看，对我国竞技体育人才培养模式予以完善是缩小我国与发达国家在人才培养方面差距的主要手段。我国要立足国情探索融体育与教育于一体的竞技体育人才培养模式，以培养大量专业素质强、综合素质高的体育人才，为我国竞技体育事业的发展做贡献。

7. 借鉴先进经验，发展职业体育

目前，我国体育赛事的职业化发展趋势已经非常明显了，但是走职业化之路的体育赛事主要集中在少数项目上，尤其是球类项目上，而且现有的联赛开展水平和体育强国相比相差甚远。对此，若要在新时期继续推进我国体育赛事的职业化发展，就要对职业体育的发展规律进行深入研究，借鉴发达国家的经验，立足国情对我国竞技体育职业化发展的机制予以完善，放眼未来开辟竞技体育职业化的可持续发展之路。

（二）大众体育领域

1. 改善体育场地设施条件

虽然我国现在比较重视修建体育场馆，努力完善体育场地设施条件，而且单从数量来看，一些大城市的体育场馆确实比较多，但是我国人口众多，体育场馆的人均占有率远远不及发达国家，而且现有的体育场馆利用率也不是很高，场馆闲置现象严重。要鼓励全民参与体育健身，就要给人民群众提供良好的基础条件，所以要适当面向社会大众开放体育场馆，提高体育场地的利用率，避免资源浪费，同时也要根据大众需要继续修建体育场馆，除了要保证大城市体育场馆数量充足外，还要尽可能使体育场地、场馆遍布全国中小城市及乡镇，满足各地人民健身的需要。

2. 建立健全群众体育公共服务体系

目前来看，竞技体育与大众体育发展不平衡的态势在我国未来一段时间内将一直存在，尽管我国在努力改变这一局面，但是要彻底打破这种不平衡，还需要很长的时间。这个问题的长期存在对我国从体育大国迈向体育强国造成了严重的阻碍，大众体育的落后发展现状也给人民的身体素质及生活质量带来了不好的影响。现阶段我们要继续努力摆脱这种不平衡局面，在大力发展竞技体育的同时也要重视大众体育的发展，对大众体育公共服务体系予以健全和完善，为人民群众提供良好的全方位的体育服务，提高全民健身锻炼意识和身体健康水平，真正落实以人为本、全民健康的发展理念，缩小大众体育与竞技体育的差距，促进二者全面协调发展。

3. 扩大宣传，适时引导

我国大众体育发展滞后是很多因素共同影响的结果，其中就包括宣传力度弱这一因素，这个因素也是主要因素。现在各大体育新闻媒体都在争相报道经济体育新闻，报道重要赛事的举办情况和体育明星的相关事件，而关于大众体育的新闻则很少报道，这直接影响了大众对体育的认知和大众参与健身锻炼的积极性。所以，要及时调整体育新闻报道结构，号召新闻媒体尤其是体育类媒体多报道一些关于群众体育的正能量新闻，宣传全民健身，使人民群众及时掌

握体育信息，提高对体育的认识水平，激发其体育锻炼的热情。

4. 开发多种体育活动方式，满足人民多元需求

体育锻炼具有方式方法的多样性特征，锻炼方式要与锻炼者的身心特点相符，要有针对性，这样才能发挥出应有的作用。针对特殊群体要设计专门的锻炼方式，满足不同群体的锻炼需求，如儿童体育锻炼方式、妇女体育锻炼方式、老年人体育锻炼方式、残疾人体育锻炼方式等，要尽可能使不同性别、不同年龄、不同身体素质的人都找到适合自己的体育锻炼方式。针对不同群体制定锻炼方案时，考虑的因素要有所侧重。例如，针对处于生长发育关键期的儿童及青少年制定锻炼方案时，要以培养兴趣、促进生长发育为主；针对妇女群体制定锻炼方案时，要以轻松娱乐为主，让她们在繁忙的生活中得到放松，释放负面情绪，以良好的精神面貌对待繁重的家务；针对老年人制定锻炼方案时，要重点考虑安全，运动强度小一些，运动方式不宜激烈，以休闲娱乐性运动为主。

5. 培养体育指导员，提高大众健身的科学性

现代社会充满竞争和压力，通过参与体育锻炼来释放压力、休闲娱乐的人越来越多，人们大都根据自身喜好参加体育运动，锻炼方式也是随性的，以主观感觉良好为主，但其实很多时候都不具备科学性，运动强度不适宜，锻炼方式不合理，导致锻炼效果不尽如人意。运动员之所以能够取得好的训练成绩和比赛成绩，与专业教练员的指导有很大的关系，而人民群众参与体育锻炼同样也需要科学指导，提供正确引导与科学指导是提高锻炼积极性和锻炼效果的重要手段。所以，培养社会体育指导员，建设优秀的指导员队伍，发挥指导员的作用，对提高大众体育锻炼的科学性和身体素质水平非常重要。

（三）体育产业领域

1. 深化改革体育产业发展体制和机制

我国体育产业之所以发展较为缓慢，主要是因为当前体育产业发展体制和机制不够完善，没有充分认识到社会力量的重要性，体育产业的市场化发展存在不足。体育产业作为最需要市场调节的一种产业，如果离开市场这一“土壤”，与市场需求严重脱轨，就会失去发展动力，迷失发展方向。因此要想振兴体育产业，就必要打破制约其发展的壁垒，对体育产业发展体制和机制进行深入改革，让体育产业充分参与市场竞争[5]。

2. 刺激体育消费，发展体育健身娱乐业

北京奥运会留下了诸多宝贵遗产，其中之一就是深刻改变和影响了中国人的体育消费观念，清醒地意识到体育锻炼何其重要的人越来越多，也有部分人开始切实行动起来，把体育消费纳入日常消费计划中。现在民众健身状况仍不容乐观，大多数经济发展欠发达地区的体育消费市场不景气，也有部分经济发达地区的人由于工作原因余暇时间减少，也制约了其体育消费。所以，在鼓励全民健身的新时期，也要鼓励体育消费，带动健身娱乐业发展。

3. 打造品牌化的体育赛事

我国已有的乒乓球、羽毛球、足球、篮球和排球联赛已经初具规模，但其发展水平和赛事影响力与国外的职业体育赛事仍有较大差距。究其原因，主要是这些赛事的营销策略不够多元化和先进化，这样就需要深度挖掘赛事的看点，进一步提高赛事的水准，并要以受众的观赛需求为出发点，对赛事进行全方位包装，最大限度地吸引观众亲临现场观赛，这样才会吸引更多的广告商提供赞助和资金支持，从而形成良性发展的产业链。

4. 全面发展体育产业

在整个体育产业链条中，体育中介、体育旅游市场、体育传媒、体育会展、体育装备与制造等都是影响体育产业发展水平的重要环节，全面提高体育产业对国民经济的贡献率，就必须最大限度地开发体育旅游市场、体育传媒和体育中介。体育产业链中各个环节相互交错、相互作用，只有使各个环节都发挥其最大的功效，才有可能提高整个体育产业的发展高度。

5. 提高体育用品品牌的国际影响力和竞争力

中国的劳动力资源非常丰富，也素有生产大国的称号，诸多国外体育品牌在中国都有生产基地，但这种生产劳动密集型产品的加工制造业并不能最大程度地发挥其对体育产业的贡献，要想真正提升体育用品业的国际竞争力，就必须打造具有国际影响力的体育用品品牌。目前，国内的李宁、安踏等品牌在全国范围内有较大的影响力，但是这些自主品牌的影响力和产品科技含量相比国外的耐克、阿迪达斯等体育品牌存在不小的差距。所以，要实现体育用品品牌的国际化，就必须进一步改善营销策略，增加产品的科技投入，扩大品牌的影响力，提高海外市场的占有率，在保障质量的前提下形成有中国特色的体育品牌（苏宁，2010）。

四、建设体育强国的相关文件与会议精神

2014 年 2 月 7 日，习近平总书记在俄罗斯索契亲切看望参加第二十二届冬季奥运会的中国体育代表团时强调，我们每个人的梦想、体育强国梦都与中国梦紧密相连。

2017 年 8 月 27 日，国家主席习近平在天津会见全国群众体育先进单位、先进个人代表时强调，体育承载着国家强盛、民族振兴的梦想。体育强则中国强，国运兴则体育兴。要把发展体育工作摆上重要日程，精心谋划，狠抓落实，不断开创我国体育事业发展新局面，加快把我国建设成为体育强国。

2017 年 10 月 18 日，习近平总书记在党的十九大报告《决胜全面建成小康社会 夺取新时代中国特色社会主义伟大胜利》中强调，广泛开展全民健身

活动，加快推进体育强国建设。

2019 年 8 月 10 日，经国务院批准，我国正式印发了《体育强国建设纲要》（以下简称《纲要》）。《纲要》的发布充分体现了党和国家对体育事业的高度重视，对充分发挥体育在建设社会主义现代化国家新征程中的重要作用，为努力将体育建设成为中华民族伟大复兴的标志性事业，提供了政策保障。

2019 年 9 月，习近平总书记在会见中国女排时强调，实现体育强国目标，要大力弘扬新时代的女排精神，把体育健身同人民健康结合起来，把弘扬中华体育精神同坚定文化自信结合起来，坚持举国体制和市场机制相结合，不忘初心，持之以恒，努力开创新时代我国体育事业新局面。

第二节　党和国家领导人的体育强国思想

一、毛泽东同志的体育思想

毛泽东同志在其著名的体育论文《体育之研究》中，从中国积弱的实情中点明体育在强筋骨、强意志等方面的重要作用，其三育并重的教育观与马克思教育思想一脉相承。在中国梦背景下，将毛泽东体育思想融入新时代中国国情，继承其崇尚科学运动的思想，完善体育机制，形成具有新时代特色的体育强国思想，并指导体育强国建设实践。

毛泽东同志的体育实践经验非常丰富，因此说他对体育的研究非常深入，而且提出了许多内涵丰富、深刻的体育思想。毛泽东同志认为，体育在军事领域发挥着重要的作用，如增强士兵体质，提高军队战斗力等。长期生活在革命根据地的毛泽东同志经常组织当地的人民群众开展红色体育运动，这不仅改善了人民群众的身体素质，也丰富了根据地生活。毛泽东同志教导大家，加强体育锻炼，可以提高个人精力，改善心理素质，在学习与工作中做出更多更好的成绩，为国家的发展做出更多更大的贡献[6]。

二、邓小平同志的体育思想

邓小平同志十分重视体育，关心体育，认为“体育是个群众性的东西，是关系全国人民健康的大事”[7]。

1952 年，邓小平同志为西南区第一届体育运动大会题词：“把体育运动普及到广大群众中去。”

1974 年 8 月，邓小平同志在接见我国参加亚运会的队伍时强调：“毛主席向来主张，体育方面主要是群众运动，就叫‘发展体育运动，增强人民体质’，就是群众性问题。当然，这就是广泛的群众体育运动。体委应该主要在这方面搞好”[7]。

邓小平同志非常重视群众体育事业的发展，他把群众体育看作是体育工作的根本任务。同时，他又十分重视竞技体育事业的发展。他认为，竞技体育在新时期的巨大成就影响并带动了群众体育的发展，鼓舞了群众参与体育活动的热情。为此，在20世纪80年代国家体委提出了全民健身战略和奥运战略，并要求在实践中将二者协调起来。

20世纪90年代初，国家体委又提出了协调发展群众体育与竞技体育的方针，并在1995年将这种方针写进《中华人民共和国体育法》，用法律的形式确立了二者的辩证关系。群众体育与竞技体育协调发展的方针是新时期这两方面体育工作相辅相成、相互促进、完成增强人民体质任务的重要法宝。

三、习近平同志的体育强国思想

习近平同志在深入了解我国体育事业发展现状的基础上，把马克思主义哲学原理同我国国情、体育发展情况紧密结合起来，提出了“建设体育强国”的一整套新观点、新论断、新要求，形成了一个广博精深、独树一帜的科学理论体系，即“习近平体育强国思想”。其包含着体育强国建设的顶层设计和整体谋划，蕴藏着对世界发展大势的科学判断、对中国发展方略的深邃思考、对人民根本利益的深刻关切，蕴含着实现体育强国梦的辩证关系、首要前提、战略目标以及努力方向[8]。

1. 辩证关系

习近平体育强国思想蕴含的辩证关系表现为以下几点。

（1）体育强国梦与中国梦息息相关。

（2）全民健康与全面小康休戚与共。

（3）体育事业与国运兴衰紧密相连。

（4）奥运精神与中国精神一脉相通。

（5）体育外交与国家外交殊途同归。

2. 首要前提

当前我国实现体育强国梦的首要前提是要将体育强国梦上升到伟大复兴中国梦的战略高度，矗立在“两个一百年”奋斗目标的制高点上统筹规划体育强国建设的合理布局。

3. 战略目标

体育强国目标体现在以下几方面。

（1）竞技体育占据国际体坛前列。

（2）群众体育规模和质量逐步提高。

（3）职业体育结构合理且成绩斐然。

（4）体育产业成为国家绿色新型产业。

（5）中国在全球体育治理体系中具有话语权。

（6）体育科技创新能力引领全球等。

4. 努力方向

习近平体育强国思想指出，要实现体育强国梦，需要从以下几方面努力。

（1）坚持体育为人民群众服务的宗旨，落实全民健身战略，加强健康中国建设，把人民对体育的美好期盼作为价值追求。

（2）深入推进体育改革，革新体育健康观念，切实推动竞技体育、群众体育和体育产业的均衡发展。

（3）全力奋战奥运会，以此为契机弥补我国竞技体育、群众体育和体育产业上的诸多短板等。

党和国家领导人的体育思想在新中国体育思想发展史上具有重要的指导性和权威性，是我国体育事业不断发展、蓬勃向上的根本保证，开辟了有中国特色的社会主义体育道路，是建设中国特色社会主义体育事业和体育强国的科学指南。正是在这些科学体育思想的指导下，我国体育事业才取得了举世瞩目的伟大成就，我国的体育强国建设之路才能走得好，走得远。

第三节　学校体育是建设体育强国的根源和基础

一、学校体育在体育强国建设中的重要性

（一）学校体育是健康中国建设和体育强国建设的根基

在我国，学校体育的价值立场在20世纪中期一直在个人本位和国家本位之间来回变化，变化轨迹呈钟摆式。20世纪80年代之后，随着改革开放政策的全面实施，计划经济体制下的体育体制得到进一步完善和强化。2016年，我国印发并实施《“健康中国2030”规划纲要》，从大健康观出发，对学校体育的地位和重要性在健康中国的战略高度做了强调，指出学生健康能够为全民健康和健康中国建设构筑良好的环境，奠定坚实的基础。在培养青少年健康体质方面，学校体育的作用独一无二，而且事实证明确实取得了很好的效果。正因如此，学校体育成为推进健康中国建设和体育强国建设的一支重要支撑性力量，几乎无可替代。我国于2019年印发的《体育强国建设纲要》中明确要求在学校体育工作中将提高青少年学生的身体素养和培养青少年的健康生活方式作为主要内容与任务，在面向全体学生的考核规划中将学生体质健康水平作为重要指标之一，推动青少年体育活动促进计划的全面实施。

在体育强国建设中，学校体育被赋予重大使命，承担着非常重要的责任。学校体育的发展与亿万学生的体质健康、体育强国战略的实施进程有密不可分的关系，青少年是国家的希望，是民族的未来，所以学校体育工作开展得如何也对中华民族的长远发展有影响。

（二）传播终身体育理念和民主体育思想

终身体育有两个层面的内涵，一是体育意识与体育活动贯穿人的整个生命过程；二是人们社会生活的各方各面都有体育的存在，体育无处不在。2011年，教育部编写的《义务教育体育与健康课程标准》中明确指出学校体育教育要将对学生终身体育意识与终身体育锻炼能力的培养作为一个主要目标。在青少年终身体育意识和体育锻炼技能的培养中，学校体育发挥的作用非常重要。人一生中的体育行为会受到青少年时期以学生角色参与体育活动情况的影响。学生时期是人一生中非常重要的一段历程，学生时期形成的体育意识、养成的体育习惯、锻炼的体育意志、内化的体育精神将对未来的生活理念、行为习惯产生潜移默化的影响。

全体社会成员不分种族、地位和性别，都享有接受教育的平等权利，这就是教育民主化。学校体育是体育强国建设的重要工程，这是从体育角度而言的，学校体育又是我国教育事业的基础与关键，这是从教育角度而言的。学校体育的重要性还体现在其在群众体育与竞技体育中起着承上启下的作用。

学校体育在传播与践行终身体育理念、民主体育思想方面发挥着举足轻重的作用。开展学校体育工作可以促进教育的全民化，可以将体育的平等性、广泛性体现出来，使广大人民群众平等地接受相应条件的体育教育，提高全民体育素养，对我国建设体育强国具有重要意义。

（三）促进学生健康和全面发展

2016 年 5 月，国务院印发《关于强化学校体育促进学生身心健康全面发展的意见》，强调了在落实素质教育计划，全面培养学生等方面学校体育所发挥的重要作用。培养学生的体育知识与技能素养、增强学生体质是学校体育的主要价值功能。这些功能的外延主要表现为促进学生全面健康发展，如在身体健康的基础上有健康的心理，形成健康的道德观，锻炼良好的社会交往能力。各方面全面均衡发展的青少年学生在现代化进程中能够表现出良好的适应性。下面具体分析学校体育在促进学生健康和全面发展方面的重要意义。

第一，促进学生体质的增强，为全面健康和全面发展奠定扎实的体能根基。学校体育活动的科学开展可以促进青少年学生生长发育，促进学生身体形态的改善、身体素质的提高和身体机能的增强。学生通过参与学校体育活动获得的这些积极的效果将会影响学生一生。所以说学校体育是终身体育的关键期。

第二，学校体育培养学生的体育意识、健身理念和健康观，为终身锻炼奠定良好的思想基础。学校体育是科学的、系统的体育教育手段，学生的体育意识、锻炼理念以及健康理念的形成离不开学校体育的干预。

第三，学校体育能够使学生掌握良好的运动技巧与运动技能，促进学生运动能力的提高，学生只有掌握了运动技能，科学参与运动，才能达到增强体

质、促进健康的目的。

（四）为学校均衡建设和提升教育内涵提供支撑

学校体育教育的现代化建设要树立科学的发展理念，即为全体师生服务，切实考虑全体师生的利益。学校要科学开展体育活动，体育活动的开展要体现出多元性、持续性，要将此作为一个常态的教育方式，并延伸体育活动的内涵，使学生在参与活动的过程中有所收获与升华。理想的学校体育教育局面是"标准引领、管理规范、内涵发展、富有特色"，这是学校体育教育工程建设的努力方向[9]。

学校体育发展有助于推动学校均衡建设，主要表现为各学科的均衡发展。学校各学科的均衡发展是科学教育理念、全面教育理念的要求，在均衡发展中要体现出系统性、实效性和针对性。

学校体育发展还能促进学校教育内涵的提升与丰富，也就是能促进先进教育思想与教育理念的升华，提高教育质量，好的教育质量不仅体现在外在的形式上，也体现于内在。

践行素质教育理念、全面发展理念都离不开学校体育这个途径。发展学校体育的意义在更高层次上还表现为推动教育现代化改革发展、促进健康中国建设、促进国家体育的强大、培养全面发展的人力资源，这些意义最终有助于实现中华民族伟大复兴的体育强国梦和中国梦。

二、构建学校体育新格局，助力体育强国建设

关于学校体育新格局的构建问题，国家领导人在一些重大会议中多次做了强调，所以我们要将此重视起来，科学规划，深入研究，力争通过构建学校体育新格局而助力体育强国建设。对学校体育新格局进行构建，增加学校体育的功能，发挥多元功能，提高学校体育的价值与意义。在新格局构建中要从学生的实际情况出发采取相应措施，制定相关政策，为新格局的运行提供理论支持。通过对学校体育新格局进行构建，可以促进学生体质的增强，可以为体育强国计划的实施提供重要支撑。人民健康历来很受国家领导人的重视，促进全民健康也是体育强国建设的一个重要目标。构建学校体育新格局是建设体育强国、实现全民健康的一个重要突破口，学校要充分认识到自身在推动体育强国建设中的职责与使命，大力开展体育活动，积极构建体育新格局，把握正确的发展方向，配合有关部门的工作，积极响应建设体育强国的口号，为这一战略的实施与工程的建设贡献自己的力量。下面重点分析通过构建学校体育新格局，助力体育强国建设的策略与建议。

（一）正确认识学校体育新格局

在学校体育新格局建设中，比较常见的一个问题是缺乏正确认知，如对学

校体育新格局在象征文明进步、促进体质增强、助力体育强国等方面的重要性缺乏充分的认识，所以，当学校下发有关学校体育工作的文件后，一些师生会自动忽视。而导致师生对学校体育新格局缺乏充分认识的主要原因是，制定的相关政策没有很好的实施方案，这样就使得很多人无法充分认识建设新格局的重要性，造成新格局构建进程不理想。对此，学校开展体育工作，要正视构建体育新格局的重要性，将此作为学校体育的一项重要任务去完成，在建设过程中要惠及所有师生，旨在促进全体师生体质健康水平的提升，培养师生积极乐观的学习与工作态度，使师生主动配合学校体育新格局的建设工作。

（二）制订详细的学校体育新格局构建方案

构建学校体育新格局，首先要有正确的认识，然后要拟订科学合理的、详细具体的、可操作性强的建设方案。这样才能以清晰的思路稳步开展具体的新格局构建工作。但目前来看许多学校这方面的工作做得不到位，已有的构建方案不够具体，在新格局建设过程中不能正确把握进度，影响了最终建设成果。近些年，国民的健康观念和锻炼意识在不断提升，但是不重视体育运动的人也不少，这些人有的就是学校的教师与学生。所以，学校建设体育新格局，要先提高师生的体育意识与健身意识，然后从学校体育发展的条件出发严格制定新格局建设方案，为形成学校体育新格局创造良好的环境。

学校建设体育新格局有助于更好地发挥学校体育在培养体育人才方面的重要功能，提高人才的培养率，从而为国家输送优秀的体育人才，助力体育强国建设。体育教师要明确自己在学校体育新格局建设中的重要职责，不仅要做好教书育人的本职工作，还要将学生的健康充分重视起来，培养学生的健康体质，促进学生各方面素质的全面提升，学生在拥有健康体魄的基础上提升自己的专业素养与技能，将来为中国特色社会主义现代化建设而奋斗。

（三）优化环境，促进新格局形成

在对待学校体育新格局建设的问题上，国家相关部门比较关注与重视，但是在建设实践中没有将实质性的作用和价值发挥出来，导致学校体育新格局建设初期缺乏良好的环境与条件，优质环境的缺失影响了新格局的构建进度。所以，优化学校体育环境非常重要，在良好的学校体育环境下，学校师生对学校体育工作的开展是比较重视的，而且在日常体育活动中教师也会注重培养学生的体育精神，使学生不仅体质健康水平得到了提高，体育技能不断增强，而且体育精神也日益升华，促进学生综合体育素养的提升，这对于体育新格局的建设具有重要推动作用。良好的环境还有助于营造积极有趣、活泼生动的校园体育氛围，促进学校体育文化建设。但目前因为学校体育环境不理想，体育新格局建设力度较弱，效率差，影响了建设效果，学校要高度重视这个现象，及时解决环境问题，促进新格局建设。

（四）培养学生的体育竞争精神

学校学生是否具备体育竞争精神，学生的体育竞争意识处于一个什么样的水平，这是建设学校体育新格局必须考虑的问题，这会直接影响建设工程的开展。现阶段，因为学校体育新格局建设在很多学校是被教师与校领导忽视的，教师也没有将培养学生的体育竞争精神作为体育教学的主要任务与目标，导致学生的体育竞争意识与竞争精神存在一定程度的缺失。

在学校体育新格局建设中，要将精神文化的建设融入其中，只有学校师生的体育思想达到一定的高度，体育精神面貌良好，才能更好地促进体育新格局的形成。体育竞争精神在建设体育强国中也很重要，学校注重培养学生的体育竞争精神，教师正确引导学生体育精神的形成，使学生深刻认识体育的竞争实质，从而更好地理解建设体育强国就是要提高国家体育的综合实力，在世界体育领域的激烈竞争中遥遥领先。

（五）改革常规课程、建设特色课程

1. 改革常规课程

学校体育常规课程往往开设年限很长了，有些课程已经不能适应学校体育环境的变化，不能满足学生的实际需要。如果不对此进行调整，就会阻碍学校体育新格局的建设。在常规课程的调整中，内容陈旧、形式老套的课程是主要调整对象。在体育新格局建设中，要基于系统论去改变不合适的课程内容，用能够激发学生锻炼兴趣的内容去代替，使学生对体育课产生兴趣，在课上自觉锻炼，积极配合。

不同学校因为教学条件不一样，再加上不同年级的学生对体育课有不同的需要，所以对常规课程进行调整需要根据实际情况而有针对性地开展工作，在调整中要加强改革与创新，但也要保留优秀的课程，重点删改重复的陈旧落后的内容，在课程实施中还要根据实际情况去整改，边实践，边优化，最终形成与保留高质量的课程体系，从而推动学校体育新格局的建设。

2. 建设特色体育课程

建设学校体育新格局，需要建设学校特色体育课程。传统课程中有些体育教学内容已经令学生失去了兴趣，甚至连教师都没有兴趣教，对此，要将特色体育内容加入课程中，创立特色体育课程。在这方面可以将地方特色体育文化融入进去，使学生在体育课上了解自己家乡的体育文化，从而在增强体质、学习运动技能的同时获得精神层面的提高，促进学生全面发展。

可以说，在学校体育新格局构建中，建设特色体育课程是一个非常重要的突破口，只有将特色体育课程的建设重视起来，多给学生呈现特色体育教育，才能形成良好的学校体育运动氛围，为体育新格局的形成奠定良好的环境基础。

第四章 CHAPTER FOUR

学校体育文化建设与发展中的不足

在体育强国的推动下，学校体育文化已经有了较好的发展，并且发展成效显著，因此，学校体育文化建设的各项工作才能顺利开展下去，这对于学校体育文化今后的可持续发展是非常有利的。不可否认的是，学校体育文化建设与发展的总体状况并不十分理想，仍然有一些问题和不足存在，从而制约甚至阻碍学校体育文化的建设与发展，因此，明确学校体育文化建设与发展过程中存在的这些不足与问题，才能更有针对性地去解决，才能为学校体育文化的发展创造良好的条件。本章主要对学校体育文化建设与发展的现状、存在的问题进行分析，然后对体育强国背景下学校体育文化发展的前景进行预测，从而全面把握学校体育文化建设与发展状况，为后续更好地推进发展与建设工作奠定基础。

第一节　学校体育文化建设与发展的现状

一、学校体育物质文化建设与发展现状

（一）学校体育场地设施状况

建设和发展学校体育文化必须具备一定的物质基础，即体育场馆、器材等基础设施，缺少这些物质基础，学校体育文化的整体建设和发展就会受到直接影响。

对于大部分的学校来说，其在体育场馆、器材方面无法使学生的体育教学、课外体育甚至运动训练和竞赛需要得到有效满足，从而影响到了学生参加体育锻炼的积极性，制约了学校体育文化的整体发展。

调查发现，导致学校体育场地设施不足的原因有很多方面，比如，学校本身将关注点放在了经济效益上，而忽视了对学校的发展规划，从而导致学生扩招的程度大大超过了学校的承受能力，造成了体育场馆、器材满足不了学生需要的问题；部分学校所在地区政府对学校体育的总体认识不够全面和深入，导

致用于学校体育建设的专项资金投入欠缺，致使体育场馆、器材难以满足学生的体育各方面需求；一些学校在体育场地、器材方面数量是足够的，但是，由于体育场馆、器材的维护和维修的成本较高，很多学校为了减少这部分的资金支出，而很少向学生开放，这也导致学生课余体育锻炼需要无法得到有效满足。

（二）学校体育物质环境状况

学校体育物质环境，也会对学生的体育兴趣和动力产生相应的影响。从对体育价值观念的发展过程来看，学生的体育价值观念只是处于初步的塑造期，他们对体育的价值认识还不够深入，通常只停留在表层、初始阶段。众所周知，良好的体育环境和氛围能够对学生形成正确的体育观念和积极的体育态度起到积极的促进作用，从而使其自身的体育文化素养也得到有效提升。因此，营造良好的体育教育环境，尤其是具有感官最佳刺激效果的学校体育物质环境是非常重要且必要的。

良好的体育物质文化环境和体育物质文化环境的创造意识，对于大多数的学校来说，是不具备的。

当前处于信息化社会，在这样的大环境中，学生获取体育信息的途径就不仅仅局限于图书资料等传统方式，而是越来越多地依赖于网络资源，但是，这些体育资源从总体上来说，数量是非常少的；针对当前的体育教学环境，调查发现，很多学生对此是比较满意的，但是，在图书音像教材资料方面却并不太满意，究其原因，主要在于学校图书馆中所有的体育方面的图书和音像资料以及体育教材版本都较为陈旧，没有做好资料的及时更新工作。除此之外，体育资料方面的全面性也不够，这就导致体育教师要想查找相关的资料，往往会找不到最新的相关研究成果[10]。种种这些，都制约甚至阻碍了体育教学活动的开展，给教学和科研造成了不便。由此可见，当前大部分学校在体育物质文化环境的主动创新意识方面是较为欠缺的，再加上体育宣传途径少，宣传方式单一，宣传意识和力度差，这样的环境要想实现学校体育教育的目标以及学校体育文化建设目标是非常困难的。

二、学校体育精神文化建设与发展现状

（一）体育观念状况

关于体育观念，可以理解为在校师生对体育在健身、娱乐、审美以及在心理素质、道德水准、智力培养等方面所体现出来的价值的认识态度。良好的体育观念对于在校师生在学校中采取科学合理的体育行为会产生积极的指导作用。由此可见，体育观念在体育精神文化层中是处于本质和核心地位的，能有效规范和指导在校师生的体育锻炼，是一种内在驱动力。

当前，在校学生大部分都能够正确地理解体育的价值，并认识到体育能改善人的心情，有助于人的身心健康，能够使人乐观向上，有助于提高智力水平，有助于人们提高道德水准。但同时也可以看出大学校园主体对体育观念的认识也仅仅停留在传统、表层的意义上，对于体育对人的深层次影响大多数人还是难以领会。其中，学生应该对体育的加强人际关系功能持肯定态度，因为很多体育项目讲究的是团队合作，在长期的体育锻炼中有利于形成默契的配合，在无形中增进同学之间的友谊。总体上来说，学生的体育观念较为正确，但是缺乏内涵、基础不扎实，具有较强的可塑性，仍需要进一步的正确引导、知识学习和培养强化[10]。

（二）体育风尚状况

体育风尚，可以简单理解为盛行的体育习惯、风气，具体来说，就是指在学校的发展过程中广大师生传承下来的具有普遍自觉的体育行为和习惯。良好的体育风气能够活跃学校生活，使学校充满生机和活力，有助于在校师生形成积极进取、拼搏努力的心态，进而能够使学校为广大师生提供一种良好的工作、生活氛围，同时更有助于促进良好校风、学风的形成。

体育比赛对学生会产生一系列的影响，比如，能够将学生相互帮助和无私奉献的集体精神培养出来，使他们的集体荣誉感和责任感有所增强，能学会正确地处理个人和集体的关系，除此之外，还能使学生形成勇敢顽强、克服困难、超越自我的意志品质。

当前，我国大部分学校师生的体育风尚并不令人满意。只有少部分师生能够经常自觉地进行体育锻炼，关注身心健康与体育锻炼的关系，自觉学习掌握健身方法和相关体育知识。关注体育新闻、观看体育节目的师生比例要稍微高一些，能达到半数以上。总之，营造一个良好的体育氛围，树立良好的体育风尚是非常重要的，这一点一定要引起高度重视。

（三）体育道德状况

当前，人们的生活、工作、学习压力普遍较大，部分人在心理、道德等方面出现了一些问题。因此，从现代社会的角度上来说，道德素养的培养对于社会发展极为重要，这对于在校学生也是如此。学校体育文化在提高学生体育道德方面的作用是显著的。体育道德是学生整体人文素质状况反映的一部分，是学生对体育内在意识、观念及价值等的具体表现形式。

目前，我国大部分学校学生的体育道德状况还是比较理想的，比如，体育道德基础较好，道德水准较高。学生在体育运动中，能够按照公平竞争、团结友爱、遵守规则、重在参与的原则进行比赛，同时，还能将其强烈的集体荣誉感和爱国主义精神充分展现出来。但是，这并不意味着所有学生的体育道德不会存在问题。比如，部分学生在体育运动中，也会有自私自利、缺乏责任感、

缺乏团结合作精神、以自我为中心、不尊重裁判等情况产生，这些都属于体育道德缺失的重要表现。因此，这就需要对现代学生进行全面且客观的了解，以此为基础，并以他们的成长经历、心理需求为主要依据，进行合理科学的体育道德法制教育，充分利用体育文化氛围去感染和影响他们，促使他们提高体育道德水平。

（四）体育精神状况

在体育活动中，体育精神是处于精神层面重要地位的，因此，对于体育教师来说，要将体育精神作为体育教学中重点关注的内容之一，同时，还要有计划、有目的地进行体育教学，通过科学、系统的培养手段来提升学生的体育精神状况。

体育精神的作用不仅体现在满足人的某些心理和精神需求上，还体现在其对人们意志的锻炼，对人的陶冶、美育等方面。对学生体育精神的培养，具体来说，就是培养学生具有良好的体育竞争精神、拼搏精神、坚强的意志品质、团结协作精神、奉献精神、遵纪守法精神和创新精神等。

对学生体育精神的培养，能使学生的竞争意识得到增强，进取心得到激发。

学生对体育运动过程体现协作精神、拼搏精神和竞争精神的认同度较高，其次是创新精神、遵纪守法精神。遵纪守法精神主要通过体育比赛体现，如果一项比赛没有基本的规则，就无法进行下去。如果有规则，但是参赛运动员却不遵守，同样也无法进行。

体育精神的培养受到很多因素的影响，比如学校体育传统、地域、民族、性别等，其中，学校体育传统和性别是影响最大的两个因素。其中，体育传统较好的学校对学生的体育各种精神的培养较为积极，相反，尚未形成体育传统的学校则对学生体育精神的培养无法带来积极的影响。

三、学校体育制度文化建设与发展现状

（一）体育传统状况

体育传统，是指一个学校在体育活动方面养成并长期传承下来的一种集体体育行为风尚，其具有显著的普遍性、重复性和相对稳定性特点。体育传统具有自觉、经常的基本特征，并具有教育、导向、规范、凝聚和激励显著价值。

在对课余体育训练的重视方面，很多学校做得还是很好的，能够以学生运动队的不同水平和特点为依据来组织和安排相应的训练和体育竞赛。但是，也有一些学校在这方面做得不够好，比如，不重视或者忽视了学校体育节、学校运动会和一系列体育活动或赛事，这是非常不利于学校体育文化的建设与发展的。另外，调查还发现，一些学校体育理论选修课设置的科学性和合理性并不

理想，部分学校甚至缺乏这方面课程的设置，另外，在体育专题讲座和体育知识竞赛方面的活动也很少安排。

优秀的学校体育传统形成并不能一蹴而就，需要经过几代人的共同努力才能实现，这离不开学校领导的关注和支持，离不开学校体育文化管理机构的长远规划和宏观调控，更离不开体育教学部（室）的创新以及体育教师的辛勤耕耘和无私付出。

（二）体育制度状况

学校中通常都会制定一些体育方面的规章制度，并加以实施，这样做的主要目的，就是保障各类体育文化活动能够顺利进行，使各部门、各层面校园主体的工作得到有效的协调和调整，从而将参与体育活动的人力、物力和财力最大化地发挥作用。

一般学校体育管理制度包含一系列的规章制度，主要有体育课堂常规、课间操制度、体育教学研究活动制度、课外体育活动制度、学校体育场地器材管理制度、学生综合体育测评制度、体育教师奖励制度[11]。这些规章制度能使学校各项体育工作的顺利展开和不断发展得到保证。

对于大部分的学校来说，能够做到根据学校的体育教学、校内体育竞赛、运动队训练和竞赛、体育教师管理、场地器材设施管理的需要建立相应的体育制度，但是，总体上来看，大多数学校的体育制度仍然有一些问题存在。比如，各学校文件内容基本相同，没有按照自身的实际情况将具有针对性的制度制定出来，因此，在制度作用的发挥方面并不十分理想。

四、学校体育行为文化建设与发展现状

（一）教师体育文化活动状况

学校教师体育文化活动情况有两个方面：一方面，是学校教师本身的体育参与态度和参与情况；另一方面，是学校教师的体育观念对学生的影响。

绝大部分的体育教师都能认识到体育锻炼对人的身心健康的重要性，但在具体行动上，能够以身作则坚持参与体育运动锻炼的体育教师并不多，具有健身习惯的教师只有不到半数，能够积极参加学校组织的各类教职工体育赛事的教师较少，但大部分教师对于学校体育对学生的人文素质教育的重要性是持肯定态度的，而经常学习健身技能和方法的教师却只有三分之一左右，由此可见，教师在体育方面的观念和实际行动方面的一致性还是不甚理想的[11]。

（二）学生体育文化活动状况

学生体育文化活动，从广义上来说，其包含着丰富多样的内容，但从狭义上来说，其通常主要是指课外体育活动。课外体育锻炼的形式主要有两种，即课外运动训练和课外运动竞赛。

1. 学生参加课外体育活动的态度和时间

课外体育活动能够作为一个重要的标准对学校体育文化发展状况进行衡量。

在校学生中，无论男生还是女生，大部分都是愿意参加课外体育活动的，并且男生的积极性要比女生高一些。但是，从学生参加课外体育锻炼的时间上来看，体育观念与实践参与方面也不是一致的。导致这一现状的主要原因有学生不愿意运动，没有较好的运动场地设施，不知道科学锻炼身体的方法等。

2. 学生参加课外体育活动的习惯

良好的锻炼习惯，不仅是指有规律的锻炼，也指系统性较强的锻炼。只有长期坚持有规律、系统性较强的锻炼，所取得的锻炼效果才可能比较理想。一般最合适的运动频度为：在前一次锻炼的效果尚未消失之前，进行第二次运动。目前，我国大多数学校学生的课外体育锻炼意识还没有建立起来，也没有养成良好的锻炼习惯。

3. 学生参加课外体育活动的内容

在学生课外体育活动的内容方面，男生和女生之间也是有差距的。其中男生对于那些对抗性较强、运动量和强度均较大的运动项目较为青睐，如篮球、足球、跑步、羽毛球、乒乓球和网球等；而女生则将健身塑体、运动强度较小的运动项目作为理想的选择，比如跑步、健身操、瑜伽、游泳等。

4. 学生参加课外体育活动的动机

学生参加课外体育锻炼的动机不外乎身体健康、兴趣爱好、娱乐休闲、缓解心理压力、提高学习效率和提高体育成绩、人际关系这几个方面，在具体的动机排序上是存在一定的行为差异的，其中，男生的主要动机为娱乐休闲动机，女生的主要动机则是缓解心理压力。

（三）学校体育社团建设状况

1. 体育社团的种类与数量

学校体育社团中开展的运动项目达到30个之多，大多以单项体育社团组织的形式出现，所有这些单项体育社团组织可以大致分为10个类型。在当前我国大学体育社团中，各类体育社团的社团数量从多到少依次是球类社团、健身健美类社团、技击类社团、娱乐休闲类社团、养生类社团、户外野营类社团、民族传统体育类社团、益智类社团、裁判类社团、其他类社团[12]。

2. 体育社团的管理

一般的，可以将体育社团管理分为两种形式，即内部管理和外部管理。

（1）体育社团的外部管理。体育社团管理模式主要有三种。一是由学生会副主席分管学生会设立社团部；二是大学生社团联合会管理（“社联”）；三是由团委直接进行管理，体育部门协助管理。

（2）体育社团的内部管理。

① 体育社团的活动章程。调查发现，大部分学校的体育社团是有明确和成文的体育社团章程并能够按照章程开展活动和进行内部管理的。但部分学校存在着体育社团的活动章程不明确，或者根本没有成文的活动章程的问题，社团一切活动按照约定俗成的套路、办法进行管理。

② 体育社团的干部来源。体育社团的干部来源途径主要有三种：第一，社团民主选举产生；第二，社团负责人提名由主管部门批准产生；第三，由主管部门（校团委、大学生社团联合会）直接任命产生。其中，第二种来源所占比重最大，其次是第一种，最后是第三种。

③ 体育社团的内部决策方式。对于绝大部分学校的体育社团来说，缺乏健全和完善的绩效考核与评估机制，社团干部的责任不明确，这种管理方法对于体育社团的发展和繁荣以及学校体育文化的建设与发展都是不利的。

3. 体育社团活动的开展方式

一般的，学校体育社团活动开展的方式主要有五种。

（1）社团内部定期活动。

（2）组织校内竞赛活动。

（3）校际体育交流。

（4）举行全校大型体育文化活动。

（5）成果展示或表演活动。

上述这些开展方式中，第一、二种称为社团的内部活动，而后三种称为社团的外部活动。

4. 体育网站建设

体育社团网站建设情况不仅能将各社团的组织结构完善程度体现出来，而且能有效推动学校体育文化的宣传、建设与发展。当前我国学校体育社团专门建有自己的网站或网页的较少。

第二节　学校体育文化建设与发展中存在问题的分析

一、学校体育物质文化方面的问题

（一）基础建设不足且缺乏设计

目前，大部分学校的体育运动场馆设施还无法使体育教学、课外体育活动、运动训练和竞赛、大型体育文化活动的需求得到满足，已建成的体育场馆数量也相对较小，体育雕塑也很少，体育宣传栏和体育广播站缺乏。除此之

外，调查还发现，很多学校不仅在运动场馆、体育雕塑、标志性体育标识和宣传标语等方面较为欠缺，而且这些物质文化形态缺乏体现学校文化内涵的美化设计。总而言之，学校体育物质文化在人文景观和文化场所方面存在着较大的缺口。

（二）学校对体育物质文化建设不够重视

学校中的体育场馆及其他体育设施等都是学校体育物质文化的一个重要组成部分。对于学校来说，各种体育场馆都是经过长期的规划和研究才最终设计出来的，其与教育部的办学标准是相适应的，同时，也应该将学校教育思想体现出来。但是，在体育物质文化方面，大多数学校的重视程度远远不够，这就导致了学校现有的体育场馆、体育场地和体育器材使用率都不甚理想，甚至有些学校只是使用其完成基本的教学任务，多数时间都是闲置状态，这就造成了学校体育资源的浪费，同时，体育教学方面的需求也无法得到满足。另外，学校基本上很少组织统一、有规模、有固定模式的单项和集体活动，这也从侧面反映出了学校对体育物质文化建设的重视程度是远远不够的。学校办学规模的不断壮大，学生和教师人数的不断增多，对学校体育物质文化环境的要求就会越来越高，由于普遍缺少统一的未来规划，学校的校园体育物质环境就显示出自身的问题与不足。

二、学校体育精神文化方面的问题

（一）学校体育精神文化在人文底蕴方面欠缺

精神文化在整个体育文化中是处于关键地位的，将其理解为体育文化的灵魂也不为过，因为精神文化能够将体育的观念、精神、道德、风尚、知识等方面都充分反映出来。但是，从发展的角度来看，当前学校师生的体育观念在发展上并不理想，仍然处于较为落后的状态，带有普遍性和相对稳定性的集体体育行为风尚还没有形成，体育宣传设施少，宣传方式单一，内容不够多样。

当前学校受传统人才培养模式的影响，平时的教学与管理中，往往将科学技术知识教学和专业技术技能的训练作为关注的重点，而将人文知识的教学和人文精神的培养忽视掉了，这点从现代学校体育文化建设与发展的角度来看，是非常不合理的。

学校内部的科技文化、组织文化、专业教育文化集体是学校强势文化的重要构成要素，受这些强势文化的排挤，艺术文化、体育文化、社科文化则成为弱势文化，这种文化的划分是不利于学校体育精神文化的培育和形成的。当前大部分学校在全面、专业的体育理论选修课方面是欠缺的，学校平时的学术讲座与体育文化大多无关。作为在校学生，要想对体育人文社科方面、体育运动与健康方面的前沿理论知识以及国内外发展趋势有更进一步的了解，是很难实现的。在这种环境中，学生的体育运动热情、兴趣和动力必然受到诸多无形的阻力，学校体育文化的强大潜在人文素质教育力量也会因此而受到影响，无法发挥出其应有的作用，学校个体的体育理念会形成恶性循环，这对于学校精神的培育和传承是非常不利的。

（二）学校对体育精神文化的宣扬和传播力度不够

学校体育精神文化是学校体育文化建设的重要方面，同时也是校园文化建设的重要组成部分，这种体育精神文化能够将学校的社会主义精神文明建设的完整情况，学生的文明素质程度、道德情操以及精神面貌都充分反映出来。除此之外，学校办学水平的综合实力也能通过学习体育精神文化的情况来体现出来。

目前，调查发现，大部分学校在学校体育精神文化方面的宣扬力度和传播力度都非常小，通常只是在校园广播、校园画报上做一些简单的宣传，在学校体育精神文化的宣传和传播方面缺乏长期、系统的规划和计划，传播的手段也都相对比较单一，没有形成系统、完整配套的宣传和传播体系[13]。除此之外，这种较为片面的学校自身体育精神很难对学生产生意识方面的影响，这就使得学生在这方面没有深刻的印象，因此，导致他们无法形成良好的体育精神方面的意识。因此，这就需要全校统一部署，协调安排，长期坚持，才能取得相应效应。

（三）学校体育精神文化氛围不够理想

体育精神文化在体育文化中是处于主导和核心地位的，这也反映出了其在学校体育文化中的重要性。学校体育精神文化包含非常丰富的内容，比如，生活习惯，兴趣爱好，道德和意志品质，竞争、拼搏和协作意识等。

总体而言，我国很多学校的体育精神文化建设存在诸多问题，比如，体育教学的方式和手段比较单一，课堂气氛比较沉闷，这对于学生们主动性和创造性的发挥形成了制约。许多老师和学生对体育精神文化的认识存在偏颇，只认识到体育在增强身体健康方面的作用，却大大忽视了体育精神层面的重要意义。部分学校领导对体育精神文化的认识和理解也不够透彻，不够重视体育精神文化的建设与发展，在对这些内容的组织和管理方面也较为欠缺，由此，便形成了一种混乱的局面，这对于体育教学活动的开展以及学生们体育兴趣的培养和健康观念的形成、高校体育文化的发展都是非常不利的。因此，在体育强国的背景下，学校必须积极营造一种健康有序的体育精神文化氛围，从而使全体师生的广泛需求得到满足，进而也能对他们的全面发展起到积极的促进作用。

三、学校体育制度文化方面的问题

（一）学校体育制度文化的保障机制欠缺

学校体育文化是文化形式的一种，要想将其文化功能充分发挥出来，就一定要做好学习体育制度文化的建设工作。对于不同的学校来说，都要具备国家下发的成文制度，比如，学生体质健康标准、全国普通高等学校体育教学指导纲要、全国普通高校高水平运动队建设的意见、学校体育工作条例等，但是有部分学校还没有形成明确的制度文件或者相关规定，这就导致其制度化程度还远远不够。

调查发现，很多学校体育文化制度层面的建设大多停留在经验层面上，真正具有实证研究基础的改革较少，可操作性也不强，再加上学校教育资源和关注点偏向特色专业学科，学校体育文化建设面临的困难也会越来越多。学校领导在学校体育文化建设方面的认识、理解不同，所形成的观念也有所差别，在制定和采取相关的制度和政策方面也会有所不同。总的来说，缺乏宏观层面制度约束与监督，领导制定政策的随意性过大，很难巩固已取得的建设成果，耗费较多的教育资源[12]。对于大部分的学校来说，基本没有设立专门机构进行学校体育文化的规划、设计、实施是导致学校体育文化建设缺乏机制保障的关键。

（二）学校体育组织机构和管理制度健全程度不够

学校体育组织机构的师资力量和教师队伍建设并不理想，有些学校往往只设定了基础体育教研室，没有进一步设定分支机构，在工作分配上也不够明确，这就对学校体育文化的发展产生了制约作用，再加上体育组织机构不够完善，使得体育工作的管理制度不够健全。此外缺乏健全完整的制度保证，导致学校体育活动地顺利开展无法得到保证。因此，对于学校来说，制定一套完整且健全的体育制度至关重要，这样，才能在此基础上发展自己的学校体育文化，才能不断创新，积极开拓，坚持不懈，才能找到适合自己发展的路子。

（三）学校体育制度的细化和规范化程度有待提高

体育制度是体育制度文化的载体，是体育文化建设的重要保障。学校通过制定各项体育规章制度，能使各项体育活动的有序进行得到保障，同时，对于学校体育文化的发展也会起到有效的助推作用。

总体来看，学校体育规章制度的制定大都较为宽泛，尽管有一些具体的内容，但是细化程度还不够。比如，制度的具体实施存在着执行不彻底，落实不到位的问题，其应有的作用得不到充分发挥；内容和形式上缺乏统一性，有些学校所制定的制度实际意义并不大，仅仅追求形式上的完美；对制度的管理过于严格、缺乏灵活性，学生的活动受到规章制度的种种限制，负担过重，这与体育教学活动的宗旨是相违背的。

规章制度并不是自然产生的，其是一项通过人为而形成的事物，因此，在制定规章制度时，一定要在度上有良好的把控。如果所制定的规章制度太过宽泛，其在协调彼此之间的工作以及最大限度地发挥各方人力、财力和物力的作用方面不仅不会发挥出应有的效果，还可能适得其反；反过来，如果所制定的规章制度太过严密，也会束缚学校教育，对于学生积极性和主动性的发挥以及丰富多彩、充满生机活力的高校体育文化氛围的营造也是不利的[11]，因此，遵循适度原则至关重要。

四、学校体育行为文化方面的问题

（一）学校体育行为文化的多样性和规范性欠缺

（1）教师体育行为在表率和引领方面较为欠缺，同时，主动转变体育观念与学习和提高体育技能方法的积极性不高。

（2）尽管学生对健康和体育的重要性有所了解，但是，受各方面因素的影响，学生的课外体育锻炼积极性并不高，不利于良好的学校体育文化氛围的营造。

（3）体育社团的数量和内容缺乏多样性。

（4）体育社团管理的规范性有待进一步提高。

（二）学校体育文化活动组织形式单一

目前，我国很多学校的体育文化活动普遍存在形式较为单一的问题，校园运动会及单项体育赛事占据体育文化活动的绝大部分内容，并且自觉、主动参与这些体育活动的学生也不是很多[13]。现有的课外体育文化活动组织，对于绝大多数学生来说，是很难引起他们的兴趣和注意力的。这一问题产生的主要原因在于学校在这方面的投入不够。

第三节　建设体育强国背景下学校体育文化发展的前景

尽管当前学校体育文化建设与发展状况不甚理想，仍然存在一些亟须解决的问题，但是，在体育强国战略的推动下，学校体育文化的发展必将能有所改善，并且前景光明。

关于建设体育强国背景下学校体育文化发展的前景，可以大致归纳为以下几个方面。

一、弘扬主旋律，充分发挥出先进文化的引领作用

对于学校体育文化建设来说，其有着众多任务，而弘扬主旋律则是其一直以来都要坚持完成的重要任务之一，这也是时代发展的要求，是时代赋予学校的重要责任。学校体育文化的精神层面包含的内容较为丰富，平时所说的"奥林匹克"精神、爱国主义、集体主义、拼搏精神以及学生体育价值观、体育态度、理想信仰等都属于这一范畴，同时，这也是学校体育文化的核心所在[14]。

学校体育文化的建设与发展，会在潜移默化中对学生产生影响，这种影响可以是教育，也可以是熏陶。要想将当前的学校体育文化发展的方向明确下来，应弘扬社会主义和谐社会建设的主旋律，以先进的文化来积极引领学校体育文化建设的不断推进。

二、提升学生体育人文素养，突显其自主性、广泛性和多样性

学生作为学校体育文化活动的参与者，他们发展的好坏会对学校体育文化建设的成败产生直接的影响。但是在现实社会中，很多学校学生的发展状况是不容乐观的，存在着身体素质和文化修养普遍不高的问题。鉴于此，首先要进行一系列的引导性教育，可以采用的具体教育方法可以是报告、讲座，也可以是观看录像、纪录片等，以此来使学校内广大学生树立正确的体育运动观及体育消费意识，并养成良好的体育道德和体育行为习惯。与此同时，还要进一步加强对学校体育文化建设的重视，道德上要大力弘扬高尚的体育精神，但是，要从实际出发，讲究实效，尽可能满足不同层次、不同运动能力对象的需求，将理想、精神落在实处。

除此之外，还要大力推广定向运动、趣味竞技、健身健美等这些富有趣味性、挑战性的运动，因为这些运动对于开发学生的思维、提高学生的知识技能、增强学生的身体素质都是有利的。让学生在广泛多样的校园体育活动中，在良好的学校体育文化环境中不断提高自我、认识自我，充分发挥其自身的主动性、组织性、参与性；并通过不断修正自己的行为准则、方式，逐渐培养自身的体育人文素养。

三、体育制度文化建设将成为学校体育文化发展的核心

对于学校来说，制度文化建设起到重要的保障作用，是学校和谐发展的必要前提条件。同样的，学校体育文化制度则是学校体育文化健康发展的一个关键因素和重要保证。

体育物质文化和体育精神文化作用的发挥，也必须在制度文化的保障下才

能实现，而体育制度的建设是一项长期工作，因此，在构建学校体育文化制度体系时，首先要认真贯彻落实各项体育法规，改进管理理念和管理手段，并以实际情况为依据，因地制宜地制定相关政策和实施办法，从而使学校体育文化强大的生命力和鲜明的时代特色得到保证。

四、加强学校体育管理组织机构与外界的联系，促进体育网络的良性发展

21世纪是一个信息化时代，这主要得益于信息网络的发达与畅通，学校本身就是传播知识、传授技能以及传承精神的重要基地，这就决定了其必须要与世界先进的科技文化连接起来，促进两者之间的联系与交流。一方面学生可以在浩瀚的网络文化海洋中达到陶冶情操、塑造自身的思维方式与行为方式的目的；另一方面，随着学生对健康的认识越来越深入，他们对体育知识和相关信息的追求程度越来越高，因此，他们对各种体育信息的需求也在日益增加，传统的体育信息传递方式显然无法满足需求。在这样的情况下，完善学校体育文化信息建设，制作高质量的体育科技信息网站，实现体育信息的快速传播和收集就显得非常重要且必要了。除了要使学校体育教育的需求得到满足之外，还要在全国范围内广泛建立共享连接，给广大师生甚至任何浏览网页的公民提供一个“营养丰富”的学校体育文化“大餐”，让在校师生能够从网络上对各大体育赛事有更加全面、实时的了解与关注，提升他们的欣赏能力，甚至实现在线交流、访问等[15]。

伴随着现代社会的不断发展，各种信息化技术被广泛应用于社会各个领域。在体育教育领域，网络技术的应用促使一些传统的体育科研方法和技术手段得以更新和发展，同时，体育的内涵和外延也因此而得到了进一步的拓展。网络技术的应用还将体育科学领域内丰富而先进的知识信息充分挖掘并利用起来，在最短的时间内，将最新的体育文化内容准确地传播到广大师生和体育爱好者的群体中，使体育文化对广大师生和体育爱好者有更好地传播和渗透，从而对学校体育文化向更高层次的方向发展起到积极的推动作用。

五、将“以人为本”的现代体育教育观纳入学校体育文化建设中来

在建设体育强国的背景下，“以人为本”的理念也逐渐得到重视，这在竞技体育中有显著体现。同样的，在培育学校体育文化的过程中，也应以弘扬人的生命意义和价值意义为教育目标，充分遵循并尊重人的个性和身心发展规律，发展人的自主和独立意识，鼓励和促进人的创造才能的生成和成熟。

构建“以人为本”的现代体育教育观，并且将其纳入学校体育文化建设中

来，是当前社会发展对体育的必然要求。因此，这就要求学校应把广大学生发展需求方面的建设作为学校体育文化建设的出发点、归宿点和最高人文价值目标。

六、学校要重视多样化学校体育文化活动的开展

学校体育文化建设的形式是多种多样的，体育文化活动则是众多形式中的一种，同时，这也是促进学校体育文化发展、构建和谐学校的一个重要途径。学校体育文化活动是传播价值观念的最佳载体，是激发学生体育兴趣的有效手段。体育文化活动并不是单一的体育运动锻炼的形式，其中，还涉及丰富多样的其他内容，比如，体育知识、体育游戏、体育表演、体育比赛、体育征文、体育绘画、体育摄影等[16]。通过丰富多彩的体育文化活动，能使师生观念发生转变，让体育不仅成为一种身体锻炼、增强体质的手段，更是一种快乐、一种享受、一种体验，从而吸引更多的人关注、支持、参与体育活动。

七、契合办学特色，做好特色学校体育文化建设工作

社会主流文化能够通过很多种形式体现出来，而学校体育文化则是其中的一种。挖掘学校体育特色，促进特色“体育精神”的形成，已经成为当前学校体育文化发展的一个重要目标。而要实现这一目标，除了要加强对学校优良体育传统的重视之外，还要以时代发展的需要为依据来做好对学校体育文化发展前景的规划。对于不同类型的学校来说，由于培养人才的素质结构不一，这就决定了学校体育文化建设必须在这种特殊要求的基础上进行，才可能对学生身心发展产生有利的影响；另外，要将学校体育文化建设与学校的体育课程设置、师资配备等结合起来，其中，尤其要对其实效性和学生的个性化发展加以重视。

契合办学特色，建设独具特色的学校体育文化，可以理解为：将学校体育文化的导向凝聚功能、整合创新功能充分发挥出来，全面提升人才综合素质和核心竞争力，使学校在强劲而深厚的文化动力中获得跨越式发展。

第五章 CHAPTER FIVE

建设体育强国背景下学校竞技体育文化的建设与发展

竞技体育是我国体育事业的重要组成，竞技体育的发展水平可以说在一定程度上代表了一个国家或地区的体育实力，因此发展竞技体育尤为重要。学校教育是一个国家和民族发展的重要基础，加强学校教育的发展尤为重要。而学校体育教育同样也对国家竞技体育的发展起着非常重要的作用。如今，我国可以说是进入了“体育强国”战略时代，为尽早实现体育强国的目标，我国各项体育事业的发展都应围绕这一战略目标进行。在体育强国战略背景下，竞技体育作为其中的核心内容必将得到快速的发展。而学校作为体育事业发展的重要阵地，承担着培养体育人才的重要任务，因此发展学校竞技体育，形成浓厚的学校竞技体育文化体系，对于体育强国背景下我国竞技体育的发展也具有重要的意义。由此可见，体育强国与学校竞技体育文化之间有着十分密切的关系。发展学校竞技体育文化对于我国体育强国建设具有重要的推动作用。

第一节　竞技体育文化概述

一、竞技体育文化的概念解析

在当今时代背景下，竞技体育获得高度化的发展，可以说其已进入产业市场化发展阶段，在这一阶段，竞技体育逐渐形成了相对健全与完善的产业文化体系，对社会各个层面都产生了非常重要的影响。可以说，如今竞技体育在世界体育运动中扮演着越来越重要的角色。发展至今，竞技体育的内容与内涵不断丰富和完善，逐渐形成了一个完善的文化体系。竞技体育文化的发展在一定程度上代表了时代的发展和进步，对于一个国家或地区政治、经济、社会、文化各个方面的发展产生了重要的影响。

竞技体育并不是凭空产生的，而是伴随着人类生产力的不断发展而产生和发展的，关于竞技体育文化概念的研究，历来就存在着一定的分歧，不同的学者及专家持有不同的意见。

学者张恳等认为，与我国传统体育不同，西方竞技体育更加追求力量、速度、身体美等的展示，它向世人传播的是一种礼仪文化、健身文化和道德文化，对于人的发展具有重要的激励作用[17]。

学者白晋湘认为，通过各个时期的不断发展，竞技体育的竞技性与娱乐性更加强烈，这与我国的民族传统体育形成了鲜明的对比，我国民族传统体育主张修身养性，竞技性随着时代的发展而逐步削弱；而西方竞技体育则强调力量、速度，大多数项目都具有较强的趣味性，能吸引大量的人群参与其中。但是竞技体育也有一定的弊端，那就是不重视道德方面的教育，容易在竞赛过程中发生一些暴力事件[18]。

学者李秀认为，与西方竞技体育相比，我国的民族传统体育主张"中庸""中和""和谐"，这与我国的传统价值观念是相符的，久而久之就形成了一个"养生化"的价值体系。而西方竞技体育则追求力量与素质，追求肌肉美的线条，追求体格的健壮，由此可见二者之间的差别[19]。

学者邱江涛等认为，在全球一体化发展的今天，竞技体育已渗透至全球各个国家或地区，成为当今体育运动的主流。在其传播与发展的过程中，竞技体育对一个国家或地区的体育文化产生了极为重要的影响，这一影响有利也有弊，需要具体问题具体分析[20]。

我国学者李龙等认为，在当前竞技体育快速发展的时代，竞技体育文化的内容和内涵不断丰富，通过参加各种形式的竞技体育运动，参与者的身心能够获得良好的发展，同时其世界观、人生观与价值观也能得到很好的培养[21]。如今，已初步形成了一个竞技体育文化体系，竞技体育文化的价值突出体现在以下几个方面：第一，竞技体育文化体系的建立与发展能有效促进人与自然的和谐发展，实现人与自然的同进步共发展，同时还能促进时间与空间的相互协调；第二，竞技体育文化体系的建立能有效消除各国或地区及人们之间的利益冲突，促进人际关系的和谐与完善；第三，通过竞技体育文化，各国能增强彼此间的沟通与交流，逐步提升本国竞技体育文化的辐射力与影响力。

学者曾志刚认为，伴随着时代的不断发展，竞技体育的影响力越来越广泛，对社会各个领域和层面都产生了极为重要的影响。竞技体育自身所散发的独有魅力，对于社会主义精神文明建设具有重要的意义和作用[22]。除此之外，竞技体育还蕴含着深刻的人本主义思想，竞技体育的大众化发展是今后的一个趋势，竞技体育文化的内容也必将丰富多彩。

二、竞技体育文化的多种特征

竞技体育文化的内容体系非常丰富，因其自身具有强烈的趣味性、刺激性等特点，深受体育运动爱好者及追求刺激的年轻人的欢迎和喜爱。发展至今，竞技体育文化体系日益丰富，对人们的日常生活和工作都产生了非常重要的影响。

竞技体育文化体系的形成与其自身的特色文化特征是分不开的，具体而言，其特征主要体现在以下几个方面。

（一）多样性

竞技体育文化的多样性特征主要是针对竞技体育运动中不同角色的人而言的。在平时的生活中，人们扮演着各种不同的角色，在竞技体育领域同样如此。竞技体育领域的角色主要包括教练员、运动员、组织管理人员、后勤工作者等，他们都在竞技体育运动的发展中发挥着非常重要的作用。需要注意的是，竞技体育中的这些角色之间并不是孤立存在的，他们之间是相互配合、密切合作的关系，正是在这样的互动与交流之下，竞技体育才获得了健康快速的发展。

在竞技体育领域，不同的角色承担着不同的任务，他们参加各种活动的目的也是不同的。如体育赛事爱好者参与体育赛事欣赏的主要目的在于追求精神方面的享受，在于获得心理愉悦感；而体育赛事组织者参与体育赛事活动的主要目的则在于获得一定的经济利益和社会效益，二者角色不同其目的也是不同的。由此可见，在竞技体育领域，不同的角色具有不同的“功用”，朝着自己参与活动的目的而努力，这充分表明竞技体育具有明显的多样性特征。

（二）选择性

在竞技体育领域，具有不同的角色，也具有各种不同的主体，主体不同导致选择也不同。通常来说，竞技体育主体的选择主要受各种客观因素的影响，如高尔夫、马术、赛车等运动，对人的技术要求较高，同时还要求人们必须具备雄厚的资金实力，否则就难以参加这几项运动，由此可见，不同的主体受经济实力、运动能力等各方面因素的影响而呈现出一定的选择性特征。作为竞技体育的运动主体一定要结合自身的具体实际合理选择运动项目。

对于专业运动员而言，他们所从事的运动具有很强的专业性，有些动作或技能是普通人难以企及的，他们大都具备高超的技术水平，没有从事过专业训练的普通人很难完成高难度的技术动作。另外，不同的运动主体参加某一项运动时，其活动方式也是不同的。如排球运动员参加排球这一项运动主要是出于职业的需要，注重排球这一项目的竞技性特征，每天都会参加必要的运动训练，而一般的排球爱好者参加这项运动的主要目的则在于健身与娱乐，注重排球运动的趣味性和娱乐性。由此可见，竞技体育的主体不同，选择也不同。这就体现了竞技体育文化的选择性特征。

（三）规则性

竞技体育少不了一定的竞赛规则，如果没有了竞赛规则，竞赛活动就难以

顺利进行。因此说，规则性是竞技体育文化的一个重要特征。在各种形式的体育比赛中，都存在着既定的比赛规则，无论是运动员还是赛事组织人员都要遵循既定的规则行事，否则就要受到规则的惩罚。如作为一名足球运动员，首先就要深刻地理解足球的比赛规则，按照既定的比赛规则参与比赛，否则不仅难以获得比赛的胜利，甚至还会被判罚犯规，受到规则的惩罚。规则性特征是竞技体育的一个十分明显的特征。

（四）互动性

伴随着时代的发展和进步，竞技体育获得了高度化的发展，目前已初步建立和形成了一个相对完善的竞技体育文化体系。在这一体系之内，各个要素之间相互促进、共同发展，在这样的情况下，竞技体育文化体系逐步得以形成与发展。

竞技体育文化体系中的内容非常丰富，该系统内的要素众多，如教练员、运动员、观众、后勤工作人员、赛事组织者、电视转播人员等都是竞技体育的重要主体，这些主体在参与各种活动的过程中进行着不断的互动与交流，正是在这样的情况下，体育赛事活动才得以顺利进行。

竞技体育中的主体非常多，每一个主体都有不同的立场，因此时常会出现一定的矛盾或分歧。如运动员可能会与裁判员发生一定的冲突、运动员与观众也可能会发生一定的分歧与矛盾，这些现象在体育比赛中都是普遍存在的。关于这一方面，体育赛事组织者要实施制定针对性的措施和手段加以应对，从而保证体育赛事安全顺利地开展。

竞技体育文化的互动性特征不仅表现在各运动主体之间的互动，还表现在相似项目之间的互动。如乒乓球与网球，篮球与橄榄球等，通过研究发现，这些项目之间也存在着一定的互动性，正因如此，竞技体育文化体系才得以不断丰富和完善。

（五）渐进性

在当今社会背景下，竞技体育的发展异常迅速，在世界上的影响力越来越大，竞技体育以前所未有的态势深深影响着整个人类社会。竞技体育的发展在一段时期内保持着一定的稳定性，但从长远来看，这一稳定性也存在着一定的变数，主要是它呈现出渐进性向前发展的状态。渐进性就是竞技体育文化的一个重要特征。

伴随着时代的不断发展，竞技体育的内容日益丰富，这为人们参加体育锻炼提供了多种选择，体育运动爱好者可以依据自己的喜好自由选择这些体育项目，可供其选择的余地较大。但需要注意的是，这一选择呈现出明显的渐进性特征。运动项目众多，运动者可以根据自己的喜好自由选择运动内容，但这种选择也受多方面因素的影响，呈现出一定的渐进性特征。这一特征不光体现在一般的运动爱好者身上，还体现在专业运动员身上。如短距离赛跑、游泳比赛中运动衣的选择会影响运动员的比赛成绩，但运动衣等专业服装及各种设备的更新并不是在短时间内就能完成的，因此呈现出一定的渐进性特征。

（六）功利性

对于专业运动员而言，他们参加训练和比赛都带有一定的功利性。功利性也是竞技体育文化的一个重要特征。在竞技赛场上，如果运动员能获得优异的比赛成绩，不仅能获得心里满足感和自豪感，还能获得一定的奖励，这呈现出明显的功利性特征。

运动员参加运动训练和比赛总会表现出一定的功利性，这与其参与的职业有着极为密切的关系。如为获得优异的比赛成绩和丰厚的奖金而努力拼搏，这就是功利性特征的体现。需要注意的是，在竞技体育中，不同的活动主体表现出不同的功利性。如运动员参加体育运动训练主要是为了提高自己的竞技水平，为取得优异的比赛成绩奠定基础，而一般的运动爱好者参加体育锻炼的主要目的则在于健身锻炼和休闲娱乐，二者同样是参加体育运动，表现出一定的功利性，但功利性的指向却是不同的。

竞技体育的功利性不仅体现在参加运动项目的不同主体方面，而同一运动项目有时也存在着不同的功利性特征。如南美足球的风格自由奔放，追求个人技术的展现；而欧洲足球则主张纪律性和团队配合性，二者在功利性上呈现出显著的差异。充分了解与把握竞技体育的这一功利性特点对于推动竞技体育文化的发展具有重要的意义。

三、竞技体育文化功能的彰显

（一）培养人们规则意识的功能

任何体育比赛都有一定的比赛规则，在竞技体育领域，各项体育赛事的举办都要有既定的比赛规则，如果没有比赛规则，体育赛事活动就会出现无序和混乱的局面，无法顺利地进行。因此，体育赛事的组织者一定要结合体育比赛的性质制定合理的比赛规则，所有的赛事参与者都要遵守这些比赛规则，从而保证体育赛事活动的顺利进行。

（二）培养人们公平竞争意识的功能

在竞技体育比赛中，竞技体育的比赛规则对于每一名运动员而言都是公平的，不存在不公平的做法，在体育赛事制度方面，所有的运动员也都是公平和平等的，如果存在着尺度不一的情况，整项体育赛事活动就难以顺利地进行。由此可见竞赛规则对于体育赛事的重要意义。

在体育赛事中，必须要保证制定的比赛规则是公平合理的，这样才能避免在比赛中发生不和谐的事件，确保每一名运动员参与比赛的正当权利。竞赛规

则对于所有的运动员都是公平的，运动员在比赛中要参与正当的竞争，不能表现出不正当竞争行为，否则会受到相应的惩罚。

（三）培养人们国际化观念与意识的功能

如今竞技体育文化已渗透到人们生活的各个领域，渗透进社会的各个层面，体育作为人们的一门重要语言，没有国界之分，对人类社会的发展产生非常重要的影响。人们通过参加运动会参加各项体育比赛，增进了彼此间的沟通与交流，实现了共同发展的目标。因此说，经常参加竞技体育比赛活动能培养人们良好的国际化意识与观念，对于个人的发展具有非常重要的影响。

竞技体育十分强调规则意识，还强调公正、公平的竞争精神和意识，这对于人们参加各种体育活动都产生了非常重要的影响。如今竞技体育的这些观念和意识都充分渗透进人们生活的各个层面，推动着人类社会的不断发展。这一国际化观念对于我国传统体育文化的发展也产生了重要的影响。在当今“一带一路”倡议下，建立这样的国际化观念对于我国体育文化的对外传播与发展具有重要的意义和作用。

（四）培养人们优良思想道德的功能

竞技体育的文化内涵非常丰富，对于运动员来讲，在竞技体育比赛中，运动员不仅要具备良好的竞技战术能力，而且还要具备良好的精神风貌，这是获得理想的比赛成绩的关键，因为良好的精神风貌往往能形成强大的战斗力。在体育比赛中以弱胜强的例子比比皆是，这与其强大的精神意志是分不开的。因此对运动员进行思想品德教育是非常有必要的。

在平时的运动训练中，教练员要指导运动员将思想品德教育充分贯彻到运动训练之中，不断提升运动员的精神素质。运动员只有具备不屈不挠、团结战斗的集体主义精神，以及为国争光和乐观主义精神才能有利于在比赛中的能力发挥，对于运动员将来退役走上社会工作岗位也具有非常大的帮助。

（五）培养人们正确的娱乐思想的功能

受历史传统、地域环境、民风民俗等因素的影响，我国的体育文化历来就比较保守，功利性也比较明显，在这样的情况下，有很多的体育项目都被视为游戏类活动，参加这些活动会受到一定的误解，被认为是“玩物丧志”的表现。在这样的文化价值观影响下，我国传统体育与西方竞技体育的发展呈现出较大的差异。

总体来看，有很多的竞技体育项目都来源于体育游戏，而体育游戏则具有很强的娱乐性和趣味性，对人们的吸引力较大，这与我国的传统体育文化形成了鲜明的对比。人们在参加这些体育活动的过程中能获得极大的心理满足感，能放松自己的身心，获得身体和精神上的双重满足感。由此可见，竞技体育具有培养人们娱乐思想的重要价值。这一价值对于人们的日常生活产生了十分重要的影响。

四、影响竞技体育文化发展的因素

（一）政治方面的因素

竞技体育与政治之间的关系非常密切，可以说竞技体育的发展是建立在一定的政治因素基础之上的。缺少了政治因素的扶持，竞技体育也就难以获得发展。在任何时期，在任何情况下，竞技体育都会受到一定的政治因素的制约和影响，这是一个明显的事实。

大量的事实表明，竞技体育的发展与政治因素发生着极为密切的联系。无论过去、现在还是将来，政治因素都会在竞技体育的发展中扮演着十分重要的角色。发展到现在，竞技体育已被整个社会所接受，受到世界上各个国家的重视，可以说，竞技体育正变得越来越政治社会化。如运动员参加国际性的体育赛事，他代表的不仅仅是自己这一个个体，还代表着一个国家，其取得的成绩与国家发生着密切的联系。运动员良好的竞技体育成绩能受到其他国家或人民的认可，促进国家的世界影响力逐步提升。这就是政治因素与竞技体育之间密切关系的表现。需要注意的是，二者之间的关系是相互的，即政治对竞技体育的发展产生影响，而反过来竞技体育的发展也会在一定程度上影响竞技体育的发展。我国著名的“乒乓外交”就是体育运动推动政治发展的一个典型事例。

伴随着竞技体育的高度发展，一个国家的竞技体育水平已成为衡量一个国家综合实力的重要因素。在具有广泛影响力的世界大赛上，一个国家的运动员取得了优异的比赛成绩，通过激发人们强烈的民族自豪感，激发人们的爱国热情。可以说，竞技体育具有重要的感化育人的价值与功能。发展到现在，一个国家的竞技体育水平如何在一定程度上影响着这个国家的社会影响力和国际地位。

（二）经济方面的因素

在竞技体育文化发展的过程中，经济因素对其发展也会产生极为重要的影响。以竞技体育的盛会——奥运会为例，奥运会在长期的发展过程中一直就与社会经济有着极为密切的联系。现代奥林匹克运动受到了社会经济的影响和制约。实际上，在举办第一届现代奥运会时，就面临着很大的经济问题，为筹足举办奥运会的资金，希腊甚至发起了募捐活动，通过各种途径和手段最后才筹集到了足够的资金，这样奥运会才得以开展。因此说经济要素对竞技体育产生着极为重要的影响。具体而言，经济因素对竞技体育文化的影响主要体现在以下几个方面。

1. 社会经济为竞技运动的发展提供了必要的设施及条件

奥运会是竞技体育的一朵奇葩，伴随着体育运动的不断发展，奥运会的影

响力与日俱增，可谓渗透到社会的各个领域及层面。以奥运会为例，奥运会历史悠久，规模宏大，在世界上有着广泛的影响力。对于主办城市而言有着巨大的经济压力，只有那些具有非常强大的经济实力的国家或城市才有能力举办奥运会。为举办奥运会，当地政府部门会投入大量的资金用于城市基础设施建设，如果没有强大的经济实力做保障，这些基础设施建设就无法得到有效保障，整个赛事活动也就无法顺利地进行。

2. 社会经济影响着竞技体育的结构和手段

经济水平的发展还会对竞技体育的结构与手段产生一定的制约和影响。如一些高水平的田径运动员，通过采用各种高科技的训练手段或先进的设备来辅助训练，从而提升自己的竞技水平，获得优异的比赛成绩，这些高科技手段的运用就需要以强大的经济实力为支撑，如果经济实力不够就无法做到。

3. 社会经济影响着竞技体育的规模和水平

竞技体育运动在人类社会发展的过程中扮演着非常重要的角色，其发展能在一定程度上推动人类文明的发展。这是一个重要的规律和事实。经济与竞技体育之间的关系非常密切，二者相互促进，相互推动，竞技体育的发展要以经济为基础，竞技体育的发展则能为社会创造大量的经济价值，促进社会经济水平的提升。

（三）科技方面的因素

在竞技体育发展的过程中，科技也发挥着极为重要的作用。如今，各种体育赛事越来越多，人们足不出户就能在家中通过电视、网络等观看到高质量的体育赛事，这就是科技的力量。在竞技体育中，每一项运动记录的产生，除了运动员的努力拼搏之外，还离不开各种高科技手段的利用，正是由于科技的推动，运动员才创造了一个又一个世界纪录。而竞技体育的发展反过来又促使科学技术不断革新。在科技因素的推动下，竞技体育获得了非常迅速的发展。通过各种高科技手段的运用，各个国家的竞技体育水平也突飞猛进，尤其是对于那些发达国家来讲，他们在雄厚的经济实力保障下，各种高科技的训练手段与设备都充分应用于运动员的运动训练之中，极大地提升了运动员的竞技水平。因此，加强社会经济的发展对于发展竞技是尤为重要的。

第二节　学校竞技体育文化发展的意义

竞技体育在学校体育发展的过程中扮演着十分重要的角色，选择参加竞技体育项目的学生数量是非常多的，这与竞技体育在世界上发展的态势是相吻合的。

竞技体育是体育强国建设的重要内容和组成部分，竞技体育的高度发展能进一步推动我国的体育强国建设。要想促进我国竞技体育的进一步发展，除了运动队、俱乐部等的发展外，还离不开学校体育这一重要的基础。由此可见，竞技体育对于学校体育文化的发展，对于体育强国战略的实施都具有非常重要的意义和作用，这主要体现在以下几个方面。

一、进一步丰富学校体育文化体系

在学校发展的过程中，一个良好的学校文化氛围对其发展具有重要的影响和意义。因此，学校文化建设在当今社会背景下越来越受到重视。作为学校文化建设的重要内容，学校体育文化以校园为空间，以学生为主体，以课堂教学与课外锻炼为主要形式，集竞技、健身、娱乐等多元功能于一体，成为师生共同参与活动的重要内容。通过参加各种形式的体育锻炼，师生的身体素质都能得到有效的锻炼，运动技能也能得到一定的提高。同时在参加体育锻炼的过程中，还能培养学生良好的学习兴趣和习惯，对于学生的全面发展具有重要的意义。总之，在学校教育中引进竞技体育的举措是非常正确的，它能有效丰富我国的学校体育文化体系，推动我国学校体育文化的建设。

二、推动课余体育活动全面开展

学生在学校参加各种各样的活动需要进行一定的沟通与交流，在这一交流的过程中，学生不同的体育价值观会对其他人产生一定的影响。在良好的体育价值观的影响下，部分不爱参加体育活动的学生也会爱上竞技体育运动，能很好地带动更多的学生参与体育锻炼，这对于课余体育活动的开展具有重要的推动作用。以加拿大多伦多大学为例，该大学在校园中制定了相应的竞技运动计划，这一运动计划深受学生的欢迎和喜爱，通过参与这一活动计划，运动爱好者的各项素质都得到了有效的提升。在这一计划的带领下，学校各项体育活动纷纷涌现出来，推动着学校体育教育的进一步发展。

我国大部分高校都拥有自己的运动队，这些学生运动员在平时会参加各种训练和比赛，长期在这样的环境和氛围下，其他学生也能受到一定的影响，他们的体育价值和体育行为都会发生一定的改变，受此影响，学校课余体育活动也会得到大力地开展，不断丰富着学生的课余体育文化生活。

三、获得一定的经济效益

在市场经济发展的背景下，竞技体育逐步进入了市场化发展的轨道，如今竞技体育成为一个国家国民经济发展的重要推动力量。在国外，尤其是那些体育强国，竞技体育在国民经济的发展中扮演着极为重要的角色，而竞技体育的发展也能为学校带来良好的经济效益。这也是竞技体育产业发展的一个重要原

因。对于学校而言，学校通过开展各种竞技体育活动或赛事能吸引到众多的社会企业参与其中，为学校带来一定的赞助，从而为学校带来一定的经济收入，用于发展学校体育教育。

四、提高学校知名度

依据价值理论，事物一般具有两方面的价值，即物质价值和精神价值。在学校教育中，教师、体育场地、运动器材、运动装备等都属于物质价值的范畴；而学校的声誉、学校体育文化氛围等则属于精神价值的范畴。大量的实践与事实表明，通过竞技体育在学校中地开展，能给学校带来良好的声誉，这是提升学校知名度的重要手段。如通过校园田径运动会的举办，如果有学生运动员取得了优异的比赛成绩，甚至打破了某项国家记录，就会给学校带来良好的影响，提升学校在社会上的知名度。

五、促进学生运动员的全面发展

学生的全面发展指的是学生身体素质、心理水平、运动技能、个性品质等都能获得共同的发展。学生的全面发展对于其将来在社会上更好地适应社会生活与发展具有非常重要的意义。在竞技体育方面，培养竞技体育人才也要以运动员的全面发展为基本目标。

学校教育在学生的全面发展中扮演着十分重要的角色，通过学校教育，学生的德智体等多方面素质都能获得不错的发展。学校体育可以说是竞技体育发展的基础，为促进竞技体育人才的全面发展，学校教育应发挥其应有的作用，实现二者良好结合。学校体育教育涵盖的内容非常丰富，通过体育教师的教学，学生的身体素质、心理素质和运动技能水平等都能获得全面的发展。学校教育具有严密的组织性和计划性，因此在制定体育教学评价指标时也要充分考虑这一全面性的特点，只有如此才能很好地培养出社会需要的竞技体育人才，也能推动学校体育教育的发展，更能促进学生运动员的全面发展。在当今时代背景下，“体教融合”“以人为本”等理念的运用就是典型的例子。总之，通过校园竞技体育文化的发展，学生运动员的各项素质都能得到全面的提升与发展，这无论是对于学生进入职业队还是进入社会都具有重要的意义。

第三节　推动科学合理训练与竞赛体系的形成

体育强国建设离不开大量的竞技体育人才的参与，而竞技体育人才对体育强国建设的贡献则在于努力训练，参加运动比赛，努力提高自己的竞技水平，获得优异的比赛成绩。而竞技体育人才要想实现以上目标，就需要在一个科学的训练和竞赛体系。因此，在体育强国建设背景下，要努力推动科学合理的训练与竞赛体系的建设与形成。

一、学校竞技体育发展对于运动训练与竞赛体系的推动作用

随着学校教育的不断发展，体育教育课程也日益丰富和完善，大量的竞技体育课程被引入学校体育教育之中，对于推动我国竞技体育的发展起到了非常重要的作用。发展到现在，我国各级学校基本上都拥有了运动队，学生运动员的数量越来越多，这部分运动员在学习文化课的同时也进行日常的运动训练，在这一模式下，运动员能获得全面的发展。以往我国的专业运动员普遍文化知识水平较差，这对于其自身的进一步发展造成了一定的阻碍。而通过学校体育教育中学生运动员学训模式能为我国竞技体育运动训练提供一定的借鉴，能为我国竞技体育培养出一批高素质的后备人才，对于我国竞技体育的发展具有重要的推动作用。

二、学校竞技体育教育对于竞技体育训练的促进

学校竞技体育教育对我国专业运动训练的促进主要体现在学校体育教育的方式上。为促进我国学校体育教育的发展，提高学生运动员的竞技水平，我国一部分学校采取了课上教学与课下训练融合的方式，即课内外一体化结合的方式。这一方式是指将学生的体育课程教学和课余活动进行重新布局，在体育课堂进行体育运动技能和锻炼方法的教学，在课余活动时间根据学生的体育爱好对其进行业余运动训练，使其在体育课堂上学到的运动技能和锻炼方法得到进一步的巩固，课下训练是课上教学的升华[23]。

课上教学和课下训练融合的这一模式是对于学生运动员运动水平的提升具有重大的帮助，因为这一模式可以将课堂体育运动技能教学和锻炼方法教学同课下业余训练锻炼习惯培养和运动技能提升集于一体，真正做到为竞技体育系统、学校体育系统和群众体育系统服务，对于竞技运动的训练具有良好的借鉴作用。

为促进我国竞技体育训练水平的提升，可以在今后效仿课上教学与课下训练融合的模式，这一模式主要以人的全面发展为最高境界，以学校体育课程为主要依托，以业余训练为基本发展思路，转变培养方式，不再以单纯地培养高水平的竞技运动员为单一的目标，这种模式能有效解决当下竞技体育后备人才不足以及后备人才综合素质不高的问题，有利于竞技体育后备人才的健康持续发展。它对于整个竞技运动训练与竞赛体系的完善也具有重要的促进作用。

第四节　培养与发展竞技体育后备人才

学校竞技体育后备人才的培养与发展对于体育强国的建设具有重要的影响和意义，作为体育人才培养与发展的重要阵地，学校体育承担着十分重要的角色。竞技体育后备人才的培养与发展对于我国体育强国战略的实施具有十分重要的意义，在体育强国战略下，我们要将竞技体育后备人才的培养作为一项重要的工作。

一、学校体育对培养竞技体育后备人才的优势

（一）选材覆盖面较为广泛，便于选拔人才

伴随着时代的不断发展，我国旧有的体育训练体制已逐渐难以适应现代运动训练的要求，竞技体育后备人才的培养也出现不少问题。体校的作用逐渐减弱，在训运动员越来越少，这都是我国竞技体育发展中存在的现实问题。而在学校体育教育中，学生众多，可以充分发挥和利用人口多的优势，从众多的学生中选拔出具有运动潜力的人才。我国的教育体制保证了所有的青少年都有参与学校体育教育的权利，各级学校的学生在体育教师的带领下可以参加体育课堂教学或课余体育活动，若能充分利用教育资源的广泛覆盖率，积极参与运动后备人才的培养与训练，就能培养出一定数量的高素质运动后备人才，从而推动我国竞技体育的可持续发展[24]。

（二）丰富的教育资源为竞技体育人才的培养提供保障

在学校教育系统下，各个学校一般都有着丰富的教育资源，如完善的教学场地与设施、先进的教学设备等，这能为竞技体育后备人才的培养提供良好的基础和保障。发展到现在，培养智育型优秀运动员成为竞技体育发展的一大趋势，以往重训轻教的模式已难以适应时代的发展，与现代运动训练的要求也不相符，因此对后备人才的培养要综合利用各方面的资源和要素，不断提升运动员的综合实力与竞争力，而学校丰富的教育资源就为竞技体育后备人才的培养与发展提供了良好的保障。

二、竞技体育后备人才培养的模式

（一）体教融合模式

1. 体教融合模式分析

“体教融合”这一模式是在我国计划经济体制下提出的一种促进我国体育事业的一种模式，这一模式在早期发挥了比较重要的作用，它是新的历史条件下一项新的重要举措，对加强学校体育工作、推动素质教育、促进青少年训

练、培养优秀的竞技体育后备人才都具有非常重要的作用，通过这一模式，有利于实现体育、教育事业培养人才的目标。“体教融合”可以说是竞技体育后备人才培养的有益补充，能在一定程度上促进运动员的全面发展。

经过多年的实践，“体教融合”出现了多种形式，主要有以下几种：“体教融合”的体育运动学校，体教联手共建体育特长生班，依靠社会力量共建单项运动俱乐部，高校建高水平运动队，高校办竞技体校，“学校、科研所、优秀运动队三位一体”的体院模式。这些模式都有自身的特色，其效果也是不同的，需要结合具体实际来分析。

“体教融合”这一模式在我国竞技体育发展的早期起到了非常重要的作用，在一定程度上缓解了学与训的矛盾，学校的各项活动都得到了家长和社会的支持。在体育经费、体育基础设施与设备等方面都得到了良好的保证，对于我国竞技体育后备人才的挖掘与培养起到了重要的作用[25]。

但是，“体教融合”这一模式也存在一定的问题。那就是在管理上，体育部门与教育部门的职责不明，出现失位和各自为政的现象，这对于竞技体育后备人才的培养是十分不利的。尤其是由于受功利思想的束缚，以体育部门为主的“体教融合”，并未能发挥这种模式应有的作用，究其原因主要包括：一是，我国青少年参训都具有较强的实用主义色彩，为了赢得比赛，取得冠军是他们参加训练的最终目的，这导致了运动员忽视了自身的全面发展；二是，体育部门在培养竞技体育人才的工作中，从竞技体育的目标价值观出发，以提高运动成绩为中心，追求运动训练效果最大化，“体教融合”的目标取向向竞技体育人才培养倾斜，学与训矛盾日益明显。

因此，为促进我国竞技体育的发展，必须要在“体教融合”这一模式基础上加以创新，创新出符合当今时代发展和竞技体育发展要求的后备人才培养模式。

2. 体教融合模式在新时期的发展

为贯彻落实习近平总书记关于体育强国建设的重要指示和全国教育大会精神，充分发挥党委领导和政府主导作用，深化具有中国特色体教融合发展，推动青少年文化学习和体育锻炼协调发展，促进青少年健康成长、锤炼意志、健全人格，培养德智体美劳全面发展的社会主义建设者和接班人，经国务院同意，颁发了《关于深化体教融合　促进青少年健康发展的意见》。该意见于2020年8月31颁布并实施。这表明体教融合模式在新的历史时期获得了进一步的发展。该意见明确了以下几个部分的内容：加强学校体育工作；完善青少年体育赛事体系；加强体育传统特色学校和高校高水平运动队建设；深化体校改革；规范社会体育组织；大力培养体育教师和教练员队伍；强化政策保障；加强组织实施。

以《关于深化体教融合　促进青少年健康发展的意见》为依据，我国各省（自治区、直辖市）积极探索体教融合的新模式，在促进青少年身体健康发展的同时，也为我国竞技体育人才的培养奠定了良好的基础。以长沙市体育局为例，长沙市体育局认真学习该意见的精神及纲领，通过构建青少年体育俱乐部模式，与其他单位合作共建运动队模式，构建体育后备人才基地模式，派驻教练集中训练模式等手段，取得了不错的成绩。

在新的时代背景下，体教融合这一模式应该得到更加充分地利用，成为我国竞技体育后备人才培养的重要途径。从国家所颁布的各项政策来看，“体教融合”这一模式受到了极大的重视。尤其是在“体育强国”建设的今天，这一模式必将获得更进一步地发展。

（二）校企合作模式

1. 校企合作的模型

“企校合作型”主要是通过体育培训机构和学校对运动后备人才进行培养。首先，具有一定资格和实力的企业通过一定的途径找到合适的学校，在得到学校负责人的认可后，企业可以进入学校，通过组建兴趣社团等方式参与后备人才的挖掘与培养工作，企业可以派出教练组进入学校进行一定的指导。然后，企业在兴趣社团中选拔出具有一定运动天赋的学生进行针对性培养，这部分学生既参加校内的学习和社团训练，又参加企业组织的专业训练，能获得全面发展。学校与企业合作的这一方式不仅帮助学校提升了升学率，促进了运动人才的发展，其自身也得到了一定的名誉，实现了双赢的局面。

2. 校企合作模式能提供重要的教育保障

学校是学生在进入社会前接受系统教育的一个场所，我国实行的是九年义务教育，人人都有接受学校教育的权利。学生绝大部分的时间都是在学校中度过的，家长对学校都比较信任和依赖，而对于市场上的一些体育培训机构则存在着一定的疑虑。在这样的情况下，校企合作这一模式就成为一个重要的突破口。

校企合作型竞技体育后备人才培养方式相较于传统竞技体育后备人才培养方式更注重运动员对文化知识的学习[26]。通过这一模式的利用，能为学生的学习和训练提供良好的平台，学生既可以参与文化课的学习又能进行运动训练。学生家长可以放心地将学生放在学校中参加企业组织的社团训练，能取得理想的培养效果。

3. 校企合作模式可以实现人才分流

校企合作型这一模式主要是利用学校力量和社会力量共同培养学生运动员，这里的学生具有学生和运动员的双重角色。这一模式为学生提供了多向选择，学生可以依据自己的喜好选择参加各种社团训练活动。与我国传统的三级训练模式相比，这一模式注重学生文化教育与运动训练的结合，能培养出高素质的竞技体育人才。校企合作型培养模式将社会资源和学校资源整合，让学生在不脱离学校教育的前提下既能培养兴趣爱好又能得到专业指导，在不同的成长阶段提供多条选择的道路。大量的事实表明，这一模式是非常正确的，符合现代教育与竞技体育发展的要求，值得大力提倡和推广。

学校可以说是培养人才的地方，在人才发展的过程中扮演着十分重要的角色。但是学校教育也存在着一定的局限性，千篇一律的教育不能满足学生的个性需求，导致有些学生难以发挥自身的潜能，埋没了个人的能力。而校企合作这一模式，则可以充分发挥学校与企业的优势，既能培养学生丰富的文化知识，完善学生的知识结构，又能为学生参加运动训练提供良好的帮助。学生可以根据自己的需求和意愿选择适合自己的道路，从而实现学生、学校和企业共赢的局面。

三、“体教融合”培养竞技体育后备人才的策略

伴随着我国竞技体育与学校体育的进一步发展，“体教融合”这一竞技体育后备人才培养的模式也不断向前发展。《关于深化体教融合　促进青少年健康发展的意见》的颁布无疑是对体教融合这一模式的重新肯定。在新的时代背景下，我们应继续坚持这一模式并不断创新，为促进我国竞技体育后备人才的培养做出更大的努力。在体教融合模式下，培养我国竞技体育后备人才可以采取以下策略。

（一）加强学校与社会力量的合作

社会力量是一个庞大的群体，竞技体育后备人才的培养离不开社会力量的参与。我们需要积极地引导和支持社会力量参与竞技体育后备人才的培养工作，鼓励创办业余培养体系，开设俱乐部，组织开展户外活动等，通过共享平台，联合培养竞技体育人才。鼓励通过委托授权、购买服务等方式，将适合由社会组织提供的公共服务项目交由社会力量承担；试点推动运动项目、运动队、青少年赛事等的社会化和市场化进程；鼓励企业通过冠名、合作、赞助、广告、特许经营等形式，参与青少年品牌赛事、特色体育项目等无形资产开发[27]。

（二）搭建多元主体资源共享平台

竞技体育后备人才培养体系的平稳、健康进行离不开强有力的资源保障。在新时代深化体教融合的大背景下，利用大数据、“互联网＋”等高科技手段，搭建多元主体优势资源共享平台，盘活体育系统和教育系统内的优势存量，整合成为竞技体育后备人才培养的系统资源，进而实现竞技体育资源配置的“帕累托最优”。此外，充分发挥经济的杠杆作用，撬动市场、社会等多元主体参

与竞技体育后备人才培养，发掘各种潜在的、现实的、不同性质和来源的资源进行重新激活、配置、耦合，实现系统内各主体优势资源的交互、流动，促进我国竞技体育后备人才的多元协同供给体系的优化和完善[28]。

（三）制定明确而切合实际的培养目标

竞技体育后备人才的培养要讲究一定的方法和策略，在培养的过程中还要认清培养的目标，按照既定的培养目标参加训练与竞赛。教练员对每名运动员都要制定明确而实际的培养目标。这是因为每名运动员都存在着较大的差异，参与运动的想法和动机等存在着不同，训练的水平和身体素质也不同。例如，有些青少年运动员是因为运动兴趣参加的，有些可能是因为在父母的要求下参加的，无论是出于何种原因，要想走专业运动员的道路就一定要制定好合理的培养目标。

每一名运动员都是不同的，他们在生理、心理、个性、运动基础等方面都存在着一定的差异，这就要求教练员在进行训练时，要设计出适合后备人才训练的体系，并注意不同年龄阶段运动员训练的内容和要求，无论是对哪一个年龄阶段的运动员进行训练，在安排和培养目标上都要有针对性。作为一名教练员，必须掌握多种练习方法，结合后备人才的具体实际制定科学合理的训练方案。

（四）创新监督方式，积极引入第三方评估

为了更好地促进体育和教育两大系统在竞技体育后备人才培养方面的合作，必须创新监督方式，以促成跨部门合作的有效性。对于竞技体育后备人才培养工作而言，考虑到当前运动员学训矛盾、运动员出路狭窄等现实问题，而为了提升竞技体育后备人才培养体系的效益，必须构建以政府、俱乐部、体育社会组织、学校、家长等利益相关主体组成的监督机构，并赋予该机构一定的法律地位，实现对竞技体育后备人才培养系统的全周期监管，以防止权力的滥用，保证监督权力的有效性和客观公正性。此外，竞技体育后备人才培养工作不仅需要教育和体育部门的统筹协同，还需要财政、宣传、税收等多个部门的协调配合。因此，为了避免政府既是“运动员”又是“裁判员”的尴尬境况，积极引入第三方机构对竞技体育后备人才培养情况进行评估，并将评价结果主动向社会公示，接受社会大众的监督，这不仅降低了多部门联合采取机会主义的可能性，还进一步倒逼教育、体育等部门协同参与竞技体育后备人才培养工作。

第六章 CHAPTER SIX

建设体育强国背景下学校休闲体育文化的建设与发展

休闲体育文化是体育文化的重要组成部分，发展休闲体育文化对促进体育文化繁荣发展和体育强国建设具有重要意义。休闲体育文化又是学校体育文化的重要内容，建设校园休闲体育文化有助于促进学校体育文化发展，丰富学校体育教学内容，增强学生体质，帮助学生缓解学习压力，满足学生娱乐休闲的心理需求，培养学生的个性。

学校休闲体育是体育教育的重要内容和组成部分，在学校中开展休闲体育课程有利于促进学校体育文化体系的建设与发展，而学校体育作为体育强国战略的重要组成部分，其发展在很大程度上影响着体育强国战略的实施。由此可见，学校休闲体育文化能推动学校体育文化的发展，而学校体育文化发展了则会为体育强国战略的实施奠定必要的基础。由此可见，学校休闲体育文化对体育强国有着间接促进的作用，二者之间的关系也十分密切。

本章主要在建设体育强国背景下探讨学校休闲体育文化的建设与发展，主要内容包括休闲体育文化概述、学校休闲体育文化的发展现状与前景、学校体育与休闲体育的整合与发展探讨。

第一节　休闲体育文化概述

一、休闲体育文化的概念

休闲体育文化是人们通过体育运动的方式，在休闲的实践过程中创造并共同享有的，关于这一社会现象的物质实体、价值观念、制度规范及其行为方式的总和。

在休闲体育文化的定义中，首先是把休闲体育看作是一种社会文化现象，一种包含于休闲文化和体育文化之中的文化现象。在这里，休闲体育文化是休闲文化和体育文化的一种表现方式，而建构这种表现方式的全部内容正是文化的基本构架——物质实体、价值观念、制度规范和行为方式等方面的建构要

素，这些建构要素共同构成了休闲体育文化[29]。

二、休闲体育文化的特征

休闲体育文化具有以下几项基本特征。

（一）自发性

休闲体育是人们在休闲时间内参与的一种自发性的主体活动。它完全是出于一种个体或某一群体真正的主体需求，在个人可以自由支配的时间里进行体育活动，没有任何强制、被动或非自愿成分。在活动中，由于是主体出于自觉自愿的需要而参与，因此，不仅可以直接满足身心发展的需要，而且这种良好的情绪体验会激励人们持久参与的积极性，形成“需要—满足—更大需要—更大满足”的良性循环。

当今时代，休闲已经不只是以前那种人们劳动之余的休息和放松。随着自由时间的增加，休闲已经成为每个人的生活权利，成为个人生活重要的组成部分。现代人的自由意识非常强烈，从人们参与休闲活动的行为就能够体现出其对自由时间的支配权[29]。

（二）参与性

休闲体育的社会实践性很强，需要人们亲身参与其中并在参与活动的过程中体验和获得某种感受。如果没有亲身参与，就无法获得自己所期望的那种感受，也不能完整表达自己最真实的想法和感受。有人把观看体育竞赛和表演等也纳入休闲体育的范畴，并把休闲体育分成参与型和观赏型两类。但是这种所谓的观赏型的休闲体育和观看杂技、大型综合性演出等相比并没有多大的区别。因此，我们认为，观看或者观赏的方式属于文化性休闲的范畴，不能纳入休闲体育的范畴。因此，从这个意义上来说，休闲体育是参与性的，是活动者亲身参与和实践的过程，它是通过非正式的、自发的体育活动追求身体放松和心理愉悦的体育活动。

（三）时代性

休闲体育文化的时代性是指休闲体育文化是在一定历史阶段和文化背景下产生和发展的，反映了不同时代的特性。不同历史时期的物质文明和精神文明不同，因而会形成不同的休闲活动方式，体育休闲活动也是为适应时代的进步而演变和发展起来的。

无论在什么样的时代，体育活动总是能现身于社会中，成为民众乐于接受和参与的休闲活动方式。即使在欧洲中世纪的神权统治下，也很难泯灭和抑制民众追求身体游戏的需要，儿童、少年则始终是游戏的先锋，他们把模仿武士的打斗也变成自己的身体娱乐活动。当然，休闲体育活动毕竟是社会文明的表现形式，在许多情况下，与社会科学技术的发展水平密切相关。现代流行的休闲体育活动与20世纪相比发生了明显的变化，今天的休闲体育活动与科学技术和材料革命联系密切，而过去的休闲体育活动则更倾向于身体的自然活动。

（四）多样性

人类的智慧具有无穷的力量，人类发挥聪明才智创造新的技术和方法，到现在人们所创造的休闲体育活动数不胜数。而随着现代社会的不断发展，许多带有先进科技性的休闲体育活动也不断涌现，这充分体现了休闲体育文化的多样性。

（五）时尚性

随着现代社会的快速发展，休闲体育成为一种时尚。休闲体育文化的时尚性表现在两个方面。第一，人们参与体育休闲活动以表明自己与某个社会阶层之间的平等性等级关系。第二，人们借休闲体育来表明自己与另外某个阶层之间的差异。时尚性是社会事物、社会发展趋势和社会需求相协调统一的表现。人们对休闲体育的需求是随着社会物质文明的不断发展而逐渐形成的。休闲体育，既可以使人们在运动时产生愉悦的情感，形成良好的交流和互动，又能宣泄自己的情感和利用剩余的精力。因此，在现代社会，在余暇时间里从事休闲体育活动成为青年人的时尚[30]。

三、休闲体育文化的内容

按照休闲体育项目的运动方式及属性，可以将其划分为以下几种类型，下列几类休闲体育活动构成了休闲体育文化的主要内容。

（一）户外运动

这里的户外运动，并不是仅指在户外进行的体育活动，而是指人们回归自然的各种体育休闲方式，如远足、野营、登山、攀岩等[31]。

（二）技巧类运动

技巧类运动是指人运用自身的能力，借助特定的轻器械所表现出的高度灵巧和技艺的活动，主要有花样滑板、自行车越野障碍等。

（三）眩晕类运动

这类运动是借助特定的运动器械和设备，使人在运动中获得在日常生活中难以体验到的空间运动感觉，感受身体与心理极限的刺激。这类运动主要包括在游乐场上各种产生滑动、旋转、升降、碰撞的游艺项目，如蹦极、过山车等。

（四）冒险类运动

这是人类对大自然发起挑战的一种休闲活动，须有严密的组织措施和安全保障，如漂流、沙漠探险、滑翔伞、游泳横渡海峡等。

（五）命中类运动

这类运动是运用自身的技巧和能力，借助特定的器械击中目标，如射箭、

篮球、台球、保龄球、高尔夫球等。

（六）水上、冰雪类运动

水上项目有游泳、滑水、潜水、帆板、摩托艇、冲浪等。

冰雪项目有滑雪、花样滑雪、滑冰等。

（七）健身舞类运动

这是一类在音乐伴奏下进行的体育活动，包括拉丁操，搏击操、肚皮舞、芭蕾舞等。

（八）保健类运动

这类运动的共同点是节奏比较和缓，参加此类活动可达到强身健体的功效，例如，瑜伽、普拉提，以及对中华传统武术进行改编后，在音乐伴奏下进行的太极拳、木兰扇、木兰拳等运动。

（九）游戏竞赛类运动

这是将竞技体育比赛项目的规则进行简单化和游戏化改造之后，形成的休闲游戏比赛，如沙滩排球、三人制篮球等。

第二节　学校休闲体育文化的发展现状与前景

如今已进入一个休闲时代，在这样的时代背景下，人们渴望休闲，在业余时间倾向于参加各种各样的休闲体育活动，通过这些休闲体育活动能放松身心，丰富自己的精神文化生活。而在体育强国战略背景下，作为体育强国建设的重要内容，逐步提高我国民众的休闲体育质量，促进休闲体育的发展，能为我国体育强国梦的实现提供一定的帮助。本书重点研究与分析建设体育强国背景下，我国学校休闲体育文化的发展现状与前景。

一、学校休闲体育文化的发展现状分析

（一）学校休闲体育课程设置现状

近些年，随着休闲体育的不断发展和西方休闲体育项目的涌入，众多休闲体育项目逐渐进入学校，成为学校体育教学的主要内容。我国一些学校也注重开设特色性的休闲体育课程，主要项目有攀岩、龙狮、滑雪、民间体育等，这些课程的开设极大地丰富了学校体育教学内容。但是这些课程看似新颖，反映了学校体育教学的独特性与个性化，但是在课程设计上方式过于统一，模式化现象严重，和传统体育课程大同小异，没有真正发挥特色体育课程应有的特色与作用，最终导致教学效果不理想，人才培养质量低。

（二）学校休闲体育项目开展现状

青少年学生往往是根据自己的兴趣爱好参加体育活动，他们参加体育活动

要满足的基本条件是有这方面的兴趣爱好、有时间、有场地和器材、有专业人员指导等。但是目前来看，这几个条件并没有都具备，条件不充足制约了学校休闲体育项目的开展。虽然具有时尚性、多样性和时代性的休闲体育能够引起学生的参与兴趣，但是学生学业负担重，参与体育锻炼的时间比较少，而且学校运动场地器材也不能完全满足学生的需求，再加上缺乏专人指导，导致学生参与休闲体育活动受到阻碍。

（三）学校休闲体育师资培养现状

学校设置特色鲜明的休闲体育课程，引进丰富多彩、时尚、流行的休闲体育项目，对授课教师的专业素质和教学能力提出了更高的要求。有些学校本身体育教师就少，而且一些体育教师同时兼顾几个项目的教学，所以现有教师资源短缺的现状制约了休闲体育课程的顺利开展。特色休闲体育课程需要专业教师来授课，在学校缺少这方面专业教师的情况下必须外聘教师才能使课程顺利开展，这又会增加学生的经费负担，而且外聘教师对本校学生的情况不了解，在授课过程中需要较长时间才能适应教学对象和教学环境，这会影响学校体育教学的进度。虽然学校体育教师资源不足和教师专业素质水平不高的问题已经显而易见了，但是学校在解决这些问题上显得力度不够，思想上不重视培养高质量的体育教师队伍，这对学校休闲体育文化的发展造成了严重制约。

（四）学校休闲体育活动安全现状

安全是学校开设体育课程、组织体育教学和开展课外体育活动的一个关键问题。上面已经提到，学生上休闲体育课得不到专业教师的指导，课外参加休闲体育活动也没有专业人士指导，所以学习效果和锻炼效果大打折扣，甚至还会面临一些安全问题。攀岩、野外生存以及很多户外运动等都有危险性，如果学生安全意识薄弱，体质条件不理想，缺乏经验和必要的急救技能，那么参加这些项目都有很大的风险，安全隐患的存在严重影响学生的生命安全与健康，影响学校休闲体育文化的健康发展。

二、学校休闲体育文化的发展前景

（一）确立学校休闲体育文化核心价值观

1. 体现多元化的发展理念

生态系统要维持稳定，就要具备多样性，这是著名生态学家 E·奥德姆的一个重要观点。生态系统的稳定性程度与其多样性程度是成正比的，越是丰富多样，就越具有稳定性。而影响生态系统多样性程度的因素除了生态物种丰富多样外，还包括每一种生物物种数量大、物种的生存环境复杂。

生态学中的多样性和共生理论给生态体育理论专家带来了启发，有关专家

在生态学理论的基础上建立生态体育理论范式，并在休闲体育的相关研究中将新的理论范式作为主要理论依据。在生态体育理论的指导下，认识到了休闲体育文化的多样化发展何其重要，将这一理论拓展到世界体育文化的研究中同样适用，可倡导世界体育文化的多样性发展。在生态体育理论下研究学校休闲体育文化，倡导学校休闲体育文化的多元化发展，强调将学校休闲体育文化的多元价值充分发挥出来，如果走单一重复的发展之路，不发挥多元功能价值，那么学校休闲体育文化的发展很快就会跌入谷底。

多元化发展是学校休闲体育文化发展的必然趋势，这在一定程度上是由参与学校休闲体育活动的群体特殊性所决定的。青少年学生作为学校休闲体育活动的主要参与者，他们非常具有个性，有不同的兴趣爱好，不同的性格和风格，为满足学生个性发展的需要，为培养全面发展而又具有个性的人才，必然要求学校休闲体育文化的多元化发展。

2. 确立娱乐化的价值取向

将教育对象培养成为全面发展的人，这是教育的最终目的，这里所说的全面发展包括身心协调发展和其他各方面素质的均衡发展。学校生活不止包括众多的课程、紧张的考试和忙碌的作业，还包括一些娱乐生活，学生在课余时间参加娱乐活动是他们在学校生活的一种常态，是学生校园文化生活的重要组成部分。青少年学生心智发展不够成熟，他们参加娱乐活动容易陷入一些低级趣味的误区和享乐主义的泥沼中，避免这些现象发生对教师和学生来说是非常重要的任务。休闲体育具有娱乐性，其功能与价值也是多元化的，体育娱乐活动是一种高尚的娱乐活动，鼓励学生参加休闲娱乐体育活动能够预防学生在活动中偏离轨道、走入误区，发挥休闲体育的多元价值与独特功能，对促进学生的全面发展具有非常重要的意义。

现阶段，学校体育课程建设与教学中存在一个很大的矛盾，那就是学生参与体育活动的积极性直接影响体育教学目标的达成情况，而如果依据教学目标来设置体育课程内容，那么很难将学生的参与兴趣和学习热情调动起来，这样也难以实现预期的体育教学目标。解决这一矛盾最好的方法就是对体育教学内容进行娱乐化改造，增加体育课程的娱乐元素，开展休闲娱乐的体育活动，学生参加娱乐休闲体育课程教学和丰富多样的休闲娱乐运动，能够充分融入大自然，对生命的奥妙进行探索，放松身心，自在享受，并不断挑战与超越自我，实现自我价值，增长自信。一般来说，“自由支配”是娱乐活动的基本属性，体育休闲娱乐活动作为一种特殊的娱乐活动同样具有这一属性，但是它并不代表没有秩序，肆意放纵，并不是没有节制的自由，而是有丰富内容、蕴含深刻内涵的一种“自由”，其内涵主要表现为健身与修心、知识与创造、义务与责任、品德与文化、美好与真诚、团结与友善等[32]。

在休闲娱乐体育活动的开展中彰显这些内涵，可以培养学生的责任心和集体主义精神，培养学生美好的品德与文化素养，培养学生的真善美价值观，促进学生健康全面发展。

在学校休闲体育文化的发展中树立娱乐化的价值观有利于在学校体育文化建设中落实“健康第一”的理念。“健康第一”的理念在休闲体育文化的很多价值观念（如健康观、平等观、社交观等）中都能体现出来，这些价值观与“健康第一”的观念具有本质上的联系。所以，在学校休闲体育文化建设中明确娱乐化的价值取向，不仅可以将学生参与体育活动的热情激发出来，促进学生健康发展，实现预期教学目标，还可以促进学生文化素养的提升和道德境界的升华，进而实现全面发展的育人目标。

（二）改善学校休闲体育物质文化环境

要构建与完善学校休闲体育文化，推动学校休闲体育的健康可持续发展，就要改善学校休闲体育文化赖以生存的物质环境，要从多个角度并在一定的高度上审视学校休闲体育物质文化的建设问题。休闲体育和竞技体育的特质是截然不同的，要优化学校休闲体育物质文化环境，就要加强基础场地设施的建设，并将健身、娱乐休闲等体现休闲体育文化特质的元素融入运动场馆和器材设施的建设中，同时还要注意运动场地设施建设与学校体育人文景观的搭配，要在科学理念下通过改善学校休闲体育物质文化环境来推动学校休闲体育文化发展。

在学校休闲体育物质文化的建设中应将物质文化环境的多元理念特质彰显出来，包括人本性、健身性、科学性、开放性、人文性、先进性、时代性等，其中最重要的就是人本性，即坚持“以人为本”理念的科学指导，通过建设体育文化物质环境充分满足学生的需求。

（三）完善学校休闲体育组织制度

1. 保持学生参与休闲体育活动途径的畅通性

我国学校体育活动开展中存在一个普遍问题，即很少有体育活动是学生自发组织参与的，学生参与的体育项目多以球类项目为主，但这些项目的专业性和技术性较强，要求学生具备良好的体能素质。有些体质较差的学生虽然对这些运动感兴趣，但苦于身体缺陷或心理畏惧，不能如愿参与。在学校课余活动时间，虽然很多学生都会聚集在球场上打球，但是这些打球的学生基本都是固定的少数学生，大部分学生因为各方面原因的限制没有参与进来，这也是我国青少年学生体质健康情况不容乐观以及不同学生群体在学校体质监测中分数差距大的一个重要原因。

休闲体育是积极健康的、乐观向上的一种体育活动方式和社会生活方式，学生的体育健身需求无法从自发的体育运动中得到满足，而合理引导休闲体育

活动的开展则能够满足学生多元化的健身需求。学校休闲体育活动的开展需要学校体育部门的正确引导和大力支持，如学校投入一定的财力、物力及人力资源来成立面向全体学生开放的休闲体育俱乐部，俱乐部的组织结构有自上而下（图 6-1）和自下而上（图 6-2）两种形式[33]，具体根据学校情况和学生需要来选择。建立休闲体育俱乐部后，积极构建俱乐部教学模式。实施教学模式时，应基于对不同学生运动能力的了解而进行分级别和分层次的教学，这是现代高校休闲体育教学中非常流行的一种教学组织方式，如图 6-3 所示[33]。

要促进学生健康与全面发展，促进学校体育多元目标的实现，就要积极发展学校休闲体育文化，而建立休闲体育俱乐部，构建井然有序的俱乐部单元教学模式又是推动学校休闲体育文化发展和促进校园和谐体育文化构建的重要手段。学生参与俱乐部活动，能够充分体验休闲体育的趣味，获得身心愉悦感，提高对参与休闲体育活动的热情。

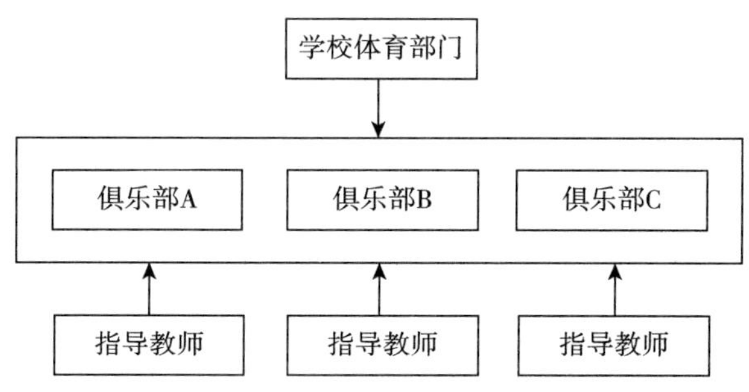

图 6-1 俱乐部的组织结构自上而下

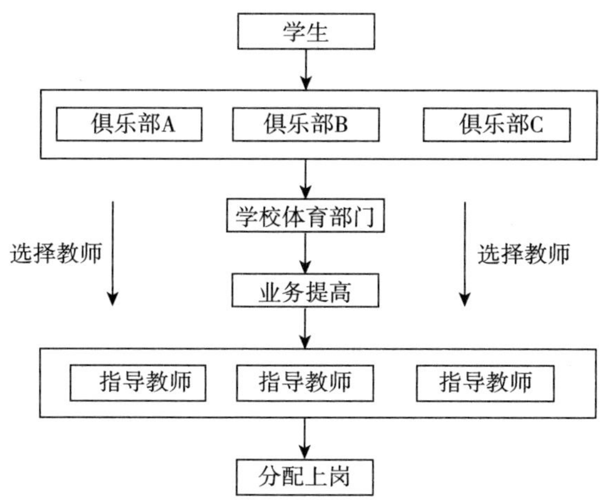

图 6-2 俱乐部的组织结构自下而上

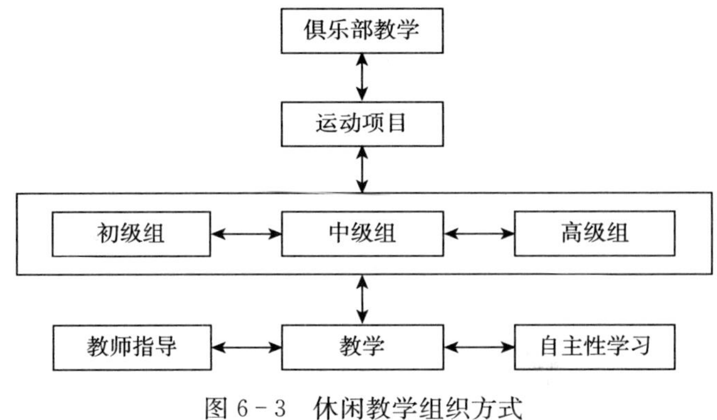

图 6-3　休闲教学组织方式

2. 建立多元化的休闲体育活动参与机制

在学校体育文化体系结构中，竞技体育文化一直都是主流文化，居于主导地位，校园竞技体育文化最主要的表现形式就是每年学校定期举办的校园运动会，举办校园运动会能够促进校园竞技体育文化发展，这里的发展是从围绕比赛这个核心的多个层面中体现出来的，而不仅仅体现在校园运动会设置的比赛项目上。校园运动会的举办是一个复杂的过程，要经历策划、筹备、宣传、组织实施、裁判、评价等多个环节，每个环节都蕴含着竞技体育文化的内涵，包含着竞技体育的元素。举办校园运动会也能对学生的竞技精神进行培养，这些都有助于进一步丰富学校竞技体育文化。可见，学校竞技体育文化之所以发展良好，是多层面相互作用与共同努力的结果。在学校休闲体育文化的建设与发展中可以借鉴学校竞技体育文化的这一发展模式，即以围绕丰富多彩的休闲体育项目这个核心来建设多层面的系统而完善的文化架构，不能只依赖休闲体育项目本身来进行文化建设，促进文化发展。也不能只局限于休闲体育运动项目本身，而是应以休闲体育项目为核心，建设其完备的文化构架。建设学校休闲体育文化，根本在于让所有学生都积极参与休闲体育活动，在确立这一根本后应对多元化的参与机制进行构建。例如，在建设休闲体育俱乐部时，有关部门合理引导学生自行参与对俱乐部组织管理结构与制度的制定，或由部门制定，鼓励学生参与其中，听取学生的建议。因为俱乐部活动的参与主体是学生，学生对自己的喜好最为了解，他们可以从自身喜好和需求出发来调整俱乐部组织管理制度，从而满足自己的需求，提高参与俱乐部活动的积极性。这也是“以人为本”理念的体现，在俱乐部建设中落实这一理念有助于培养学生的决策意识，推动学校休闲体育文化健康持续发展。

3. 激励学生参与休闲体育活动，完善激励制度

学生参与休闲体育活动的动力来源于认同感，这个动力会对其参与活动的

深度产生影响。学生的休闲体育行为会经历前意向阶段、意向阶段、准备阶段、行动阶段、保持阶段共五个阶段，学生有了意向且做好相关准备后，是否真正发生参与行为，与其感受到的认同感有关，如图 6-4 所示[34]。在学校休闲体育文化建设中，根据学生需要认同的这个心理特征，应全面鼓励、激励、引导学生参与休闲体育活动，并定期总结参与情况，评价参与效果。有效的激励手段能够满足学生得到认同的心理需要，从而为学生积极参与休闲体育活动提供重要的内在动力源泉和外在推动力。

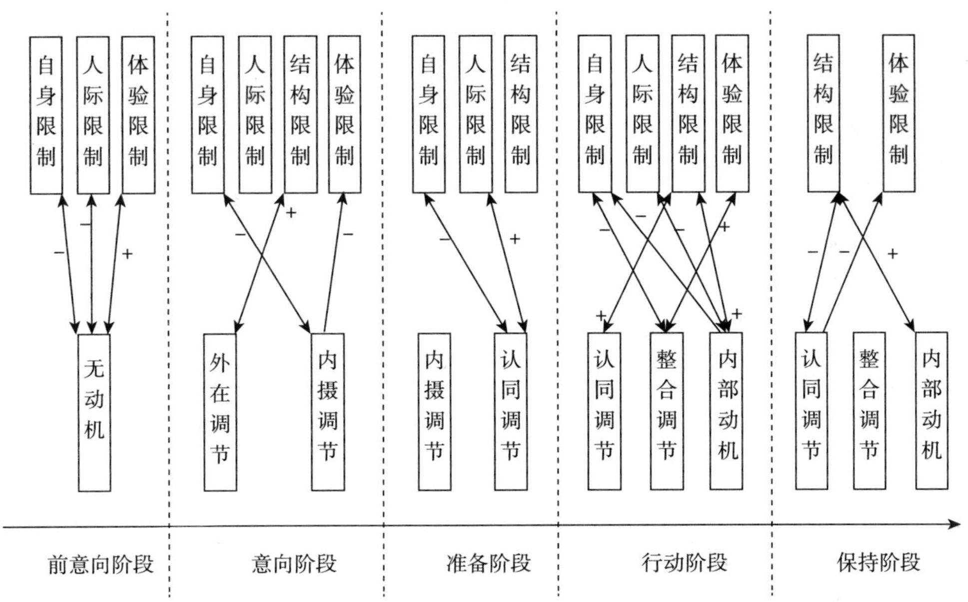

图 6-4　学生的休闲体育行为

学校要结合自身实际来设计激励手段，合理运用激励措施，常见的激励手段有物质奖励和精神鼓励，在现实中这两种激励方法要结合起来运用，以达到激励效果的最大化。客观评价也是一种激励方式，高校用学分制来评价学生的学习情况，可以适当将学生日常参与休闲体育活动的成绩作为其体育学分的评价标准，将日常参与表现和期末考核成绩联系起来，以加学分的方式鼓励平时表现优异的学生。需要注意的是，这种激励方式的运用要适当，要酌情使用，不能滥用，否则会影响考核的公平。

总之，构建与发展学校休闲体育文化，既要改善学校休闲体育物质环境，又要确立正确的价值取向，同时还要完善相关制度，其中物质条件是基础，价值取向是核心，制度是保障，三者相辅相成，缺一不可，共同推动与完善学校休闲体育文化的发展。

第三节　学校体育与休闲体育的整合与发展探讨

体育强国战略可以说是我国体育事业长远发展的规划，要想实现体育强国的梦想，并不仅仅指的是竞技体育方面，包括学校体育、群众体育、休闲体育、民族传统体育等多种体育形式的内容。这些都应获得同步地发展，这样才符合体育强国的要求。以体育强国战略为指导，我们可以充分将学校体育与休闲体育结合起来发展，实现二者的整合与交融，这不仅有利于二者自身的健康发展，对于我国体育强国战略的实施也具有非常重要的意义。

一、休闲体育与学校体育的关系

（一）休闲体育与素质教育

新时期提倡全面实施素质教育，发展休闲体育是践行素质教育理念的重要手段。这主要与以下两方面的原因有关。

第一，在应试教育时期，学校体育不受重视，没有形成好的发展基础，在素质教育时期要加强体育教育，把这个短板补齐。另外，学生对单调枯燥的体育课不感兴趣，这影响了课程的开展和教学目标的实现，而在体育课上进行休闲体育教学，则能吸引学生的兴趣和学习的积极性。

第二，休闲体育有多元又独特的功能，这是其他体育形式不可替代的体育教学内容。休闲体育可以增强学生体质，促进学生身体健康，培养学生的竞争意识、团队精神和意志品质等。因此，为了更好地贯彻和落实素质教育，必须加强学校休闲体育工作。为了将素质教育落到实处，从中央到地方到学校的行政管理部门都要重视学校休闲体育工作，从法律和管理上保证学校体育课和休闲体育活动的顺利开展。同时加强对体育教师的培训和再教育工作，提高体育教师的业务素质和教学能力，使体育教师适应素质教育的需要[35]。

（二）休闲体育与终生教育

从性质上来看，休闲体育与终生教育一脉相承。休闲体育教育是终身性的，身体教育、智力教育是主要教育内容，除此之外，审美教育、情感教育以及思想政治教育也是教育内容体系的重要组成部分。休闲体育符合终身教育理念，这从休闲体育的性质、目的以及任务等多个方面都能体现出来。终身教育思想促进休闲体育的发展，在休闲体育发展过程中这一教育思想起到了非常重要的影响。在终身教育中，休闲体育也发挥着重要作用，意义重大，对此我们要有正确的认识，以推动休闲体育与终身教育的协同发展。

（三）休闲体育与体育课程改革

在对素质教育体系进行完善的过程中，有一个非常重要的核心环节，那就

是课程改革。现代社会的发展和进步对体育教育提出了新的要求，因此必须进行体育课程改革，体育教育的价值取向要在体育课程改革中体现出来，在改革中渗透健康第一、终身体育等科学理念。为了适应素质教育的全面普及以及教育现代化发展，有必要通过体育课程改革来完善体育教育。休闲体育与体育课程改革中呈现出来的大课程观有非常密切的关系，而且从现代体育教育的发展趋势来看，也迫切需要将休闲体育的相关内容引进体育课程内容体系中。这些都说明了休闲体育与体育课程改革的重要关系。

下面具体从两个方面来解释休闲体育与体育课程改革的关系。

1. 休闲体育与体育课程的相互作用

休闲体育与体育课程之间存在着互动性的关联，休闲体育促进体育课程改革，体育课程改革拉动休闲体育发展，提高休闲体育发展水平。学校体育工作质量、学校体育理念的落实情况以及学生在学校体育课中形成的体育素养都会影响休闲体育的发展。学生将来步入社会参加休闲体育活动，其在学生时期获得的体育教育成果对休闲体育的开展有直接的影响。学校体育是人一生中接受体育教育的最佳时机，学校体育是社会体育的基础，休闲体育要发展得好，就要先打好学校体育这个基础。可见，学校体育作为体育教育的基础，给休闲体育的发展带来了深远的影响。中老年是休闲体育的主要参与群体之一，这类群体参加休闲体育也会对家庭成员产生影响，影响正在学校接受体育教育的下一代，可见，休闲体育的理念与活动会通过家庭、社会等平台给学校体育带来影响，进而影响体育课程改革。因此，休闲体育与学校体育课程相互影响，相互促进。

2. 休闲体育与体育课程内容的整合

从体育课程的建设理念、建设原则以及建设内容来看，它们与休闲体育具有趋同性。为了适应社会发展与进步，既要发展休闲体育，又要进行体育课程改革。休闲体育是体育课程内容的主要来源，休闲体育类的内容在体育课程内容体系中占比较大，休闲体育相关内容正更深一步地渗透于体育课程中，原来只出现在休闲娱乐场合的一些休闲体育项目经过适当改造后出现在了学校体育课上，成为体育教学的重要内容。随着现代社会的不断发展以及体育教育新理念的广泛传播与深入渗透，休闲体育和体育课程内容呈现出深度整合的趋势，二者的融合反映出学校体育课程改革满足了学生的兴趣爱好，注重尊重与培养学生的个性。

现阶段，小学体育教学中的休闲体育教学内容主要是游戏与运动相结合，中学体育教学中的休闲体育教学内容主要是运动项目，游戏的成分较少，高校公共体育教学中的休闲体育教学内容主要是运动项目的技能，而且也有一些内容突破了纯粹的运动项目或纯粹的游戏项目等形式，教学内容越来越丰富[35]。

从休闲体育与学校体育相融合的趋势来看，将来学校体育课程中会出现越来越丰富的休闲体育内容，休闲体育内容也将会以更多更有趣的形式出现在学生的身边，丰富学生的体育学习内容与课余文化生活。

二、休闲体育理念与学校体育的整合发展策略

（一）转变体育课程教学理念，发挥休闲体育的优势

传统体育教学中更注重对体育知识的传授和运动技能的培养，并组织训练、比赛等活动来提升学生的运动水平。这种传统教学模式虽然在增强学生体质、丰富学生体育知识、提高学生运动技能等方面取得了良好的效果，但是在现代社会背景下，在人们有丰富多样的生活方式可选择的情况下，传统体育教学模式显然已经不能满足学生追求现代化生活的需要了，显然与实际情况不太符合了。当前，随着体育课程的不断改革，体育课程目标有了变化，在以人为本的教育理念下强调从学生出发思考一系列的教学问题，打破以强硬手段将体育知识灌输给学生、学生被动接受知识的传统模式，注重培养学生的“终身体育”意识和主动学习意识，使学生在体育课上表现出自己活泼乐观、积极向上的精神面貌和健康心理素质，在“健康第一”理念下培养学生的健康体质和健康心理，培养学生的综合素质，促进学生健康全面发展。休闲体育以其鲜明的健身性、时代性、多样性、娱乐性等特征在促进学生全面健康、全面发展方面具有很大的优势。将休闲体育内容融入学校体育课堂教学中，能够充分体现出学校对学生的人文关怀，以学生为本，以学生兴趣为主等教学新理念，休闲性的体育教学内容能够成功激发起学生的学习兴趣，提高学生学习的积极性与学习效果。

（二）丰富体育教学形式，培养学生的体育意识

健身性、娱乐性、休闲性是休闲体育的重要属性，要在体育教学中将休闲体育的这些属性淋漓尽致地体现出来，需要以丰富多样的教学形式和教学方法来呈现这类教学内容，先引起学生思想上的高度重视，使其对休闲体育教学内容的接受是出于自愿、自觉心理，出于自主性的体育意识，然后再组织实施具体的教学工作，从而使学生已经形成的体育意识在具体的学习过程中进一步强化与巩固，并维持得更久、更稳定一些。

（三）结合学校实际开展适宜的休闲体育活动

要成功开展体育课程教学，就要科学选择教学内容和运动项目，这是非常关键的一步。在体育课程教学的开展中，场地设备、环境、人员等因素都会影响课程的实施，所以很多项目的开展都很难取得实质性的成效，或者有的项目即使被选为体育课程内容，但是因为学校条件不充足，导致项目无法实施，这些都说明所选项目与学校实际条件不符，或者说学校还不具备使这些项目顺利

实施的一系列条件，这样就会影响体育教学工作的顺利开展，影响教学进度和教学目标的实现。所以，在学校体育课程教学中引进休闲体育项目时，要先了解学生的教学条件和其他客观实际，然后根据学校的真实条件选择适宜的休闲体育项目，在实施这些项目的过程中也可进一步再筛选更适合学生的项目，最终将休闲体育教学内容确定下来，在体育教学中系统实施这些内容，发挥休闲体育的优势与功能，培养学生的健康体质与各方面素质，促进学生全面发展。

需要注意的是，选择休闲体育项目还要考虑地方的实际情况，如地理环境、气候、体育资源等，如南方学校适合开展水上休闲项目，北方学校适合开展冰雪休闲项目，少数民族地区适合开展民族休闲体育项目，等等。总之，要以丰富多样的休闲体育项目来吸引学生的参与兴趣，提高学生上体育课的热情与积极性，提高学校体育课程教学效果。

第七章 CHAPTER SEVEN

建设体育强国背景下学校民族传统体育文化的建设与发展

民族传统体育是我国的国粹，我国体育强国战略的实施少不了与国外体育文化之间的沟通与交流，而在与他国体育文化交流的过程中，富有民族特色的传统体育文化则扮演着十分重要的角色。由此可见，建设与发展我国学校民族传统体育文化的重要意义。大力弘扬与发展我国的学校民族传统体育文化，构建一个丰富和完善的学校民族传统体育文化体系对于我国体育强国战略的实施，早日实现“体育强国梦”具有重要的推动作用。

民族传统体育文化，是学校体育文化的重要内容之一，其在学校体育文化中占有非常重要的地位，因此，做好学校民族传统体育文化的建设与发展工作至关重要。体育强国战略，强调了体育的重要性，要通过发展体育来增强综合国力，而民族传统体育作为我国特有的体育形式，其不仅是我国长期以来民族发展的重要成果，还反映出我国灿烂的民族精神，现实意义重大。本章对民族传统体育文化的基本知识以及学校民族传统体育文化的发展现状进行分析，然后对学校民族传统体育学科理论体系的构建以及中华民族传统体育精神的丰富与弘扬进行了阐述，由此，能对建设体育强国背景下学校民族传统体育文化的建设与发展情况有一个全面且深入的认识。

第一节　民族传统体育文化概述

一、民族传统体育文化的概念

中国传统文化包含着多个方面的内容，民族传统体育文化是其中之一。经过几千年的发展和演变，民族传统体育文化作为影响深远的文化形式，在内容上具有显著的丰富性，很多民族相关的内容都属于民族传统体育文化的范畴，比如，民族科学、民族精神、民族语言、民族性格、民族风俗、民族传统、民族道德、民族生活方式及社会关系等。

在中华民族的发展进程中，民族传统体育文化也随之发展和演进，成为体

育文化的重要组成部分。同时，在人类社会发展的推动下，我国民族传统体育文化的内涵不断充实，内容越来越丰富。

由此，可以将民族传统体育文化的概念界定为：各民族在其形成与发展过程中所创造出来的全部体育文化。

二、民族传统体育文化的特征

（一）竞技性

竞技性是体育文化共同的本质特征，当然民族传统体育文化也具有这一显著特点，正是这一特征，能够将体育文化的魅力充分展现出来。民族传统体育文化的竞技性表现得丰富多彩，究其原因，是由于民族传统体育文化产生于不同的文化生态环境，有的甚至保留着原生态的文化。赛跑、攀登、跳高、游泳、搏斗、摔跤、投掷飞镖、射弩、射箭等活动无不具有强烈的竞技性，以此表现生存的能力、勇猛顽强的精神和对祖先神灵的敬畏。

（二）表演娱乐性

艺术包含着体育这一形式，体育中也深藏着艺术的气息。民族传统体育文化所具有的艺术魅力是独特的，其所表现出的表演娱乐性是非常强烈的。通过民族传统体育文化活动，能够将民族风采、民族力量、民族精神都充分展现出来，达到愉悦身心、调节情感、陶冶情操的目的。民族体育文化的表演娱乐性既作用于个人，又作用于社会。

（三）养生性

民族传统体育文化的健身性也是最基本的特征之一，这也是与各民族生存和发展需要相适应的。在远古时期，生产力水平低下，生存环境恶劣，人类出于生存需要，在一些自然的身体活动中寻求调节和恢复体力的方法。在原始民族社会，我们的祖先就已经掌握了简单的养生手段，随着人类对自然界和自身认识的不断加深，养生理论逐渐形成。各民族所处的自然环境、生产生活方式等有所不同，所形成的健身手段和方法形式多样、风格独特，这也正好体现出了各民族自身的文化特点与特色。

（四）仪式性

要想对民族传统体育文化的内涵有更加深入的了解，就需要从文化人类学的视角来进行探析和研究，这样才能对民族传统体育文化的本质属性有所认知。民族传统体育文化不是纯粹的宗教仪式，但是宗教仪式是民族传统体育文化的主要来源之一。民族传统体育文化的来源是多方面的，可以是民间信仰，也可以是地方风俗，可以是民族伦理，也可以民族艺术等。有的民族体育文化活动同时包括上述多种因素。仪式性是体育的重要本质特征之一，在民族传统体育文化当中表现得尤为突出。“仪式通常被界定为象征性的、表演性的、由文化传统所规定的一整套行为仪式。它既包括神圣的活动又包括凡俗等的活动，常被功能性地解释为在特定群体或文化中沟通（人与神之间、人与人之间）、过渡（社会类别的、地域的、生命周期的）、强化秩序及整合社会的方式。”

三、民族传统体育文化的价值

（一）社会文化活动的重要内容

不管是社会的发展还是人类的进步，都离不开文化这一重要的助推力，也是根本促进因素。可以说，文化的进步对人的社会化发展起到不可替代的作用。民族体育文化活动内容广泛，与诸多文化形式关系密切；内容丰富、形式多样，涉及各民族、各区域人民的物质生活与精神生活的各个方面，与人们的思想、感情、道德、风尚、行为、习惯等息息相关。因此，民族传统体育文化的文化价值是非常高的。尤其是民族传统体育文化的特点和活动形式，对其在社会文化活动当中的重要地位和作用起到决定性作用，使其成为人类社会生活的重要活动内容。

（二）保证民族的生存与健康

体育运动会促进人体身心健康，这也是民族传统体育文化的一个显著价值所在。在人类自身的发展过程中，体育文化与人形成一种必然互动的关系，如此就使人的某种生理和心理需要得到满足，人类个体的生理环境、心理环境也会因此而发生一定的改变。民族传统体育文化与一个民族的其他文化形式有着密切的关系，渗透在各民族生活的方方面面，对民族的社会生活影响广泛且深入。因此，民族传统体育文化对一个民族身心健康的影响是不可替代的。

（三）增进民族凝聚力与认同感

文化是一个民族生命力、创造力和凝聚力的源泉，是一个国家、一个民族赖以生存和发展的精神支柱和灵魂。不管是哪个民族，要想生存和进步，都离不开传统文化地传承与发展。离开文化传统的基础而求变、求新，其结果必然招致悲剧。

关于文化认同，通常可以理解为：个体能够将那些所属文化及文化群体内化并且产生一定的归属感，从而获得、保持与创新自身文化的社会心理过程。民族传统体育文化认同，实际上就是民族文化及其价值的认同，这是其核心所在，也是其实质所在。正是因为有了文化认同，才能使这个民族共同体的精神纽带得以凝聚，也才能为这个民族生命共同体延续奠定坚实的精神基础。由此可见，文化认同对于民族认同、国家认同来说至关重要，因为其是处于重要的基础地位的，没有文化认同，就谈不上民族认同和国家认同，这是最深层的基础。

需要强调的是，文化认同作为民族认同和国家认同的重要基础和根据，主要原因在于，民族文化中的某些符号已经成为民族认同的象征。当某种符号的象征意义已经成为一个民族的重要标志时，这种符号系统与这个民族的形象之间就已经建立起了非常密切的联系，两者之间的相关性就会较为紧密。而民族传统体育文化就是这样的文化符号。

各民族凝聚力是通过其共同的思维方式、价值观念、生活习惯、行为方式实现的。民族传统体育文化本身具有很强的社会性和民族性特点，包含着各民族共同的文化、共同的地域及共同的生活方式、价值观念和审美情趣，因此也就赋予了其民族凝聚的功能。民族传统体育文化的凝聚功能主要产生于民族体育文化的精神层面。由此而产生的凝聚是最深层的，也是比较稳定的。

（四）民族间交往的纽带

民族传统体育文化是众多文化形式中的一种，其具有综合性特点，是多种文化因素综合起来的一种表现。民族传统体育文化具有显著的娱乐性、竞技性、健身性特征。对于大多数的民族体育活动来说，其呈现的形式主要为集会，这就将其显著的凝聚、聚合和交往功能充分体现了出来。在采集、狩猎季节开始前或结束后，为了祈求丰收或表达收获的喜悦，族人聚集在一起，通过对一些社会实践活动的模仿，寄托心中的期盼。赛马、射箭、摔跤等就是较为典型的能够有效促进民族间交往和沟通的重要项目，使民族之间产生共同语言，促进了民族间的互相交流、相互切磋。在活动参与过程中，各族人民都能感受到群体凝聚在一起的力量，产生一种归附群体的情感。人们会在合作中相互理解、彼此帮助、消除隔阂，有利于族群、社会的稳定[1]。

（五）文化传承的重要手段

民族传统体育文化将多种民族社会文化因素综合在一起，这就将民族所特有的历史、文化、风俗习惯、民族精神、道德规范等因素都充分反映了出来。尤其是在文字产生之前，民族体育作为一种以身体活动为主要内容的文化形式，将其积淀的各种民族文化因子传承下来，承担了文化载体的功能。与此同时，经过不同时代的发展，其核心和主旨保持沿袭的内涵和固定的仪式，并在变异过程中有所遵循，保持着与传统文化的继承关系。

第二节　学校民族传统体育文化的发展现状

在体育强国战略下，我国在与他国进行体育文化交流的过程中，少不了民族传统体育文化的参与，因为民族传统体育是我国的国粹。要想在新时代背景下实现更好的发展，就必须紧跟时代发展的潮流，走出去，实现民族传统体育与他国体育文化的交流与合作。而走出国门的一个重要前提是获得更加健康快速的发展。为推动民族传统体育文化的快速发展，学校教育承担着非常重要的任务。本节就重点研究与分析建设体育强国背景下我国学校民族传统体育文化的发展现状。

一、学校民族传统体育文化发展的总体状况

近年来，我国民族传统体育已经有了一定的发展，在学校中的发展也取得了一定的成效。一般的，学校民族传统体育文化的发展都是依附校园文化建设这一重要载体实现的，将民族传统体育元素渗透至校园文化的框架构建中，能使学校体育课程的内容更加丰富充实，同时，也能使学生的学习兴趣和水平有所提升。

现阶段，在全球化、信息化发展的推动下，西方体育文化的强势扩张对我国民族传统体育也产生了根本性的影响，甚至导致民族传统体育发生了本质变化。学校是传授知识与技能的重要基地，再加上体育强国战略的实施与推进，学生对体育教学的渴望程度越来越高，学校体育教学内容亟须丰富和充实。在这样的形势下，一些新兴体育项目开始走入学校，并且因自身的显著特点而受到学生的青睐与欢迎，比如较为典型的定向越野、瑜伽、攀岩等项目，这就在一定程度上削弱了民族传统体育独特的文化特征与内涵。同时，当前，传统民族体育的开展受到了一定因素的限制，比如，民族传统体育课程内容匮乏、项目单调、组织形式陈旧、自由选择程度低，这就会导致学生的兴趣大大削弱。如此一来，学生对民族传统体育的了解程度也会受到影响，了解和认识往往都只限于非常表层的基础层次，在专项技能的掌握上也会不甚理想，这些因素都制约甚至阻碍了民族传统体育的发展进程，其独特的文化特性的体现是民族传统体育发展的关键。因此，在校园文化建设中最大限度地保证民族传统体育文化底蕴的输出，是提升校园文化氛围的有效手段之一，也是促进民族传统体育发展的必要条件[36]。

二、学校民族传统体育文化发展的具体状况

学校民族传统体育文化包含的内容丰富多样，因此，其发展状况可以从很多方面反映出来。下面就对较为主要的几个方面加以分析和阐述。

（一）学校民族传统体育教学理论的发展状况

目前，我国学校民族传统体育教学理论的总体发展进程并不理想，发展速度缓慢，这与很多因素都有关系。学校民族传统体育在学校体育教育中所处的地位是比较低的，也通常被忽视，学校领导和学校体育教学工作者对此也有着偏见或者误解。其中，普遍存在的观点认为，民族传统体育属于学校体育教育可有可无的非主流教学内容。导致这一现象的原因主要有两个：一个是学校

体育工作者对民族传统体育的重视程度不够，一个是学校领导的关注程度不高。

（二）学校民族传统体育教学内容的发展状况

调查发现，我国开设民族传统体育课程的学校中，涉及相关内容主要为武术类项目，也是民族传统体育课程教学内容的主要方面，除此之外，还有养生功法类、民俗体育类和民族体育类。

学校民族传统体育教学内容的发展与其他教学内容是有所差别的，具体表现在以下两个方面。

一方面，学校民族传统体育教学的主体是武术类项目，其他民族传统体育项目在学校中的普及和完善程度还相对较低。

另一方面，一些学校开设的武术类项目的教学内容陈旧、专业性强，学生对此兴趣较低，即便有些学生对此感兴趣，也会因为可操作性较差少有学生会选修这门课，有些学校甚至直接取消这些课程。即便有些学校开设了武术类项目的教学课程，在开展民族传统体育的过程中，体育教师对所开设民族传统体育项目的认识和了解还不够深入和全面，也就无法在教学过程中将各个民族传统体育项目的特点和魅力充分展现给学生。

（三）学校民族传统体育教学模式的发展状况

将民族传统体育纳入学校之后，就开始通过各种方式进行教学，其中，最为常见的是教师示范教学，学生则尽可能地模仿教师的行为。一般的，示范教学模式在学校教育发展初期应用较为广泛，能够为教师教学工作的开展提供一定的帮助和便利，同时，还能使学生较快地掌握民族传统体育运动的基础知识及技能。

在社会发展的推动下，再加上学校教育改革的不断推进，教学模式也因此而有所改进和完善。但是，仍然有一些问题存在而制约着体育教学的发展，比如，学生无法对技术动作的本质有明确的认知，容易形成动力定型、学生动作不规范等，这些都会使得学生的学习效率呈现出逐渐降低的趋势，也很难在一个学习周期中完全掌握技术动作的学习目标。

（四）民族传统体育课程设置的发展状况

相较于其他体育课程内容来说，民族传统体育课程被纳入学校的时间较晚，其还处于初步发展阶段，发展的状况并不理想，从而导致民族传统体育课程的设置也差强人意，有一些问题亟须解决。

首先，各个学校在重视民族传统体育方面是有所差异的。部分学校对民族传统体育的教学重视程度是比较高的，在课程设置方面，将民族传统体育项目教学的地位大大凸显了出来，并且采取必选课的形式进行教学。但是，也有一些学校对民族传统体育项目教学不够重视，课程设置方面多以选修课的形式开设，课时也无法得到保证。

其次，各校的授课形式也各不相同。由于不同学校对民族传统体育的重视程度不同，在具体的授课形式上也会有所差别。一些学校在进行课程设置时，强调突出专项。其中，为了对学生更为系统地学习民族传统体育起到积极的促进作用，该学校进行了民族传统体育项目授课形式的试点探索，设立民族体育选项班，将各个项目进行分类并逐一进行教学。还有一些学校则以各单项俱乐部的形式进行民族传统体育项目的教学，其中，也将民族体育俱乐部（散打、武术、女子防身自卫术）和课外休闲体育俱乐部等纳入学校民族传统体育教学的范畴中。

再次，各校对学生主体地位的重视程度也不同。一些学校在设置民族传统体育课程时，通常是从自身的角度出发，开设一些较容易开展教学，对体育场地器材等要求较低的运动项目，而没有考虑到学生的兴趣和喜好。这就会导致开设的课程与学生的需求之间存在着不一致的情况，导致教学资源的浪费以及学生体育学习需求无法得到满足的问题，不利于学校民族传统体育教学的开展。

（五）学校民族传统体育师资队伍的发展状况

由于民族传统体育方面的教师普遍存在着专业性不高的问题，再加上民族传统体育在学校的开展时间并不长，因此，相较于其他运动项目，民族传统体育方面的师资力量往往较为匮乏。

此外，现有的民族传统体育方面的教师缺乏相关教学经验，这是一个亟须解决的问题。民族传统体育教师的专业水平普遍不高，导致这一现状的主要原因是，教师并非专业出身，而是其他专业转到民族传统体育方面的，缺乏民族传统体育相关的专业学习和培训。

（六）民族传统体育教学场地器材的发展状况

我国民族传统体育教学中体育场地建设处于相对落后的状态。一方面，跳绳、毽球、武术、跳竹竿、扭秧歌、拔河等民族传统体育项目本身对器械和场地的要求就比较低，因此，学校对这方面的重视程度也不高；另一方面，学校教育资金有限，通常会将资金主要用于普及性和受重视程度较高的运动项目上，比如，田径、足球、篮球等项目，竞技类民族传统体育项目的投资基本上不予考虑。因此，民族传统体育场地这一重要硬件设施的完善往往被学校忽略掉。

第三节　学校民族传统体育学科理论体系的构建

一、学校民族传统体育学科理论体系的基本特征

（1）民族传统体育学科理论体系，不仅仅对客体进行简单的分类与外在的

描述，还对民族传统体育的内在联系和深层次的规律进行深入的揭示。

（2）民族传统体育学科理论体系是一种用以说明事物本质特征的抽象体系。具体来说，其是在概念范畴的基础上，对其内在联系的揭示，也是对民族传统体育运动变化客观规律性进行复演的体系。那些将其理解为现象的简单描述和概念的简单堆积的观点是片面的、不科学的。

（3）由于理论体系是人内在联系、规律性方面对民族传统体育运动变化深刻揭示的客观机理，因而，可以将其用来对事物变化的揭示，也可以用其来对民族传统体育未来的发展加以预见，并对人们的实际工作加以科学指导。

（4）民族传统体育是民族传统体育学中重要的组成部分，处于核心地位，其在该学科体系中是与其他组成部分连接的重要纽带[37]。在整个概念体系中起着统摄的作用。民族传统体育学理论体系中的范畴和一系列概念，都是由民族传统体育一词与其他学科引进的概念相组合而形成的。

二、学校民族传统体育学科体系建构的基本要求

根据民族传统体育的研究对象和特点、学科内部的知识结构、学科的总体发展态势以及与相关学科的联系等基本情况，我国民族传统体育学科体系的建构过程中，需要满足的基本要求有以下几点。

（一）明确学科的性质

民族传统体育学科在我国整个学科体系中是处于二级学科的位置的，其性质方面，有一部分与其他学科是相同的，有一些则是其特有的，也正是因为如此，民族传统体育才能作为一门学科独立存在。

我国民族传统体育突出了“民族”二字的关键内涵，这也决定了该学科在建设与发展过程中，它所具备的民族方面的特性。当然，民族传统体育属于体育学科，这就赋予了其显著的交叉学科或边缘学科的属性，其理论基础既包括社会科学的成分也包括自然科学的成分。这里有一点需要强调，从目前的研究现状来看，关于民族传统体育的自然科学的理论原理研究是严重匮乏的。

民族传统体育学科主要对我国的民族传统体育进行研究，因此，民族传统体育就是其研究对象。“民族传统体育”的概念至今还没有统一的说法，这在一定程度上形成了该学科研究的逻辑起点问题。综合各种理解和观点，民族传统体育的概念可以界定为：包括汉族在内的中国各民族在长期的历史发展过程中逐渐形成、继承和延续的，带有浓郁的民族文化色彩和特征的体育活动[38]。

（二）明确学科的研究方向

对于民族传统体育学科来说，其研究方向的确定对于其系统研究有着重要的导向作用，能够将要解决的问题确定下来。因此，在我国民族传统体育学科

体系的建构过程中，首先将它的研究方向确定下来，着重明确该学科存在的现实意义，这是至关重要的。否则，无法推动民族传统体育学科的发展，也无法使民族传统体育的内容和体系的真正优化得到保证。

民族传统体育作为一门学科，其要研究的方向是较为明确的，主要包含这样几个方面：一个是对其所产生的时代背景的依赖。在西方文化的冲击下，民族传统体育文化的危机感产生，迫切需要振奋民族精神，增强民族认同感和自豪感。

目前，通过对民族传统体育的现状进行分析，发现其与时代发展的要求并不是很相符，人们对它的期望与需求也与实际情况有些出入。由此可见，社会历史发展对民族传统体育运动提出的要求和人们对民族传统体育活动的需求与民族传统体育的发展状况不相适应的矛盾问题亟待解决。

（三）明确学科的结构特点

一门学科的结构特点，会对该学科的发展和完善起到积极的推动作用，这对于民族传统体育科学来说也是如此。可以说，民族传统体育学科体系的建构，与它自身的结构特点是有着密切关系的。正是因为如此，民族传统体育学科体系的完善和健全才能得以实现。具体来说，我国民族传统体育学科的结构特点主要表现在以下几点。

1. 民族性

我国民族传统体育是在悠久而古老的中华传统文化之中诞生并发展起来的，可见中华传统文化对其熏陶和滋养的重要性，是东方体育体系的重要代表，与西方体育有着截然不同的对比。这就要求在构建我国民族传统体育学科体系的过程中，一定要充分体现出其民族性特点，同时，在其内容方面，要进行进一步的拓展，使其丰富性和全面性更为理想，理论内涵也不断得到完善，通过各种科学方法的运用，来达到有的放矢地推动民族传统体育学科构建的目的。

2. 时代性

民族传统体育学科是在一定的时代背景下产生的，这就赋予了其显著的时代性特点。因此，不管是对我国民族传统体育学科的内涵、价值进行探讨，还是要论证其发展的方向与延伸，都要与时代发展的背景相结合。从时代发展特点上，对民族传统的内容取其精华、去其糟粕，并吸收人类一切优秀的文明成果，使其能与现代社会的发展相适应，满足人们对它的需求，并以面向未来的精神促进该学科的发展。

3. 理论性

在我国民族传统体育学科体系的建构过程中，还应该使其兼具理论性特点。如果忽视了理论性这一重要特点，就无法对该学科体系的全面可持续发展起到积极的推动作用。基于此，在我国民族传统体育学科体系的建构过程中，一定要对其理论性特点加以重视，不断加大力度，深入、全面地研究和探索民

族传统体育基本知识原理，从而保证理论基础的丰厚，将其在实践方面的指导作用充分发挥出来。同时，也要不断将新的内容逐渐融入进去，对那些比较成熟的现代体育学科的理论内涵进行有效借鉴，从而使民族传统体育学科的理论性特点更加显著。

4. 应用性

民族传统体育学科的应用性特点较为鲜明，这主要由于解决社会历史发展对民族传统体育运动提出的要求和人们对民族传统体育活动的需求不相适应的问题，是民族传统体育学科存在的逻辑基础[39]。

5. 实践性

我国民族传统体育的活动形式是多种多样的，其中一些已演变为现代体育竞赛项目，一些仍然处于原生状态。民族传统体育理论就是由这些活动发源而来的。对这些运动实践进行研究、整理与提高，已经成为民族传统体育学科的任务之一。因此，民族传统体育学科的实践性是这门学科要体现的重要方面。

6. 广延性

关于民族传统体育的理论研究，之前的研究数量较少，且研究的范畴也比较有限，通常只限于武术理论。民族传统体育的发展与研究并不仅限于本学科，其还会在其他领域中有所涉及，这就要求进一步扩大和拓展其研究领域和范围，使其各个方面都得到一定的延伸。比如，所有的技击壮力类体育、养生健身类体育和休闲娱乐类体育都属于民族传统体育的理论研究范畴。因而，民族传统体育基本理论的应用范围必须大幅度延伸。学科体系的建立也要通过学科研究领域的这种广延性特点充分体现出来。

7. 整体性与层次性

民族传统体育项目众多，呈现出文化生态整体性、本土性和健身性的特点，其中整体性的这一特点尤为明显。从对民族传统体育的分类来看，它同时又具有层次性的特点。因此，在民族传统体育学科体系的建构过程中，一定要同时将整体性与层次性特点都体现出来，否则就是片面的、不科学的。

8. 系统性

从民族传统体育学科的整体性和层次性来看，该学科时空架构的系统性特点也是非常显著的。这里所说的系统性，就是指相同或相似的事物能够按照一定的秩序和内部联系而组合成一个整体，也是民族传统体育学科体系构建过程中不可忽视的重要特点之一。

三、学校民族传统体育学科的基本理论框架

民族传统体育学作为体育学下一门独立的学科，应该有自己特殊的研究领域和严密的理论体系。学科体系是指一个学科的内部框架结构，其是体现一个

学科内部各个组成部分之间的相互关系，以及凭借这些关系建构而成的有别于其他学科体系的总体标志。因此，在我国传统民族体育学科体系建构过程中，理清其内部框架结构是非常重要且必要的，从而使这门学科的整体价值得到真正意义上的提升。

（一）宏观层次

民族传统体育学科理论框架中的宏观层次，主要是指民族传统体育概论，即基本理论概述方面的内容，通过这些理论概述等方面的内容来对学生充分认知民族传统体育的内涵及价值等起到积极的引导作用。可以说，基本理论知识系统是民族传统体育教学的起点和基础。

（二）中观层次

民族传统体育学科体系中的中观层次包含的主要实践类方面的内容，具体来说，有技击壮力、养生健身、休闲娱乐等。通过这些课程的开设与开展，能够有效地引导学生进行实践和探索，这对于学生的实践能力以及自身素养的提升都是有帮助的。

（三）微观层次

民族传统体育学科的微观层次主要从探索更加具象化的内容，同时设置相应的课程方面入手，这是该学科的进一步细化。具体来说，就是要在中观层面内容的指导下，全面深化微观层面课程体系的关联性。如开设摔跤、太极拳、踢毽球等传统体育项目课程，引导学生在实践演练中不断提升自身的体育素养和自身能力。

民族传统体育学科体系的基本框架见图 7－1[40]。

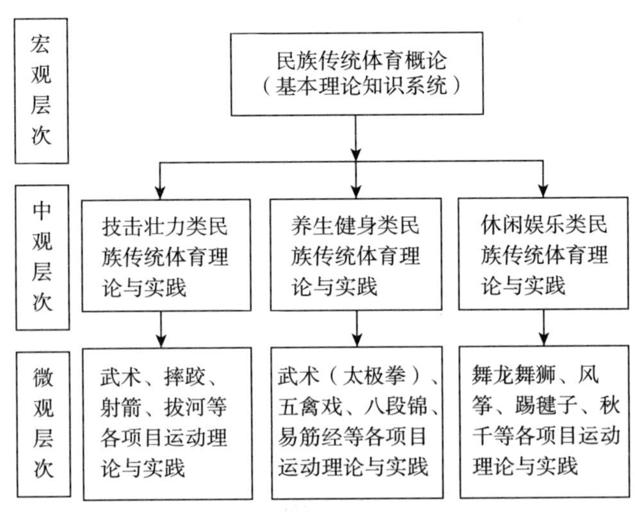

图 7－1　民族传统体育学科体系的基本框架

四、学校民族传统体育学科体系的科学构建

要构建科学的民族传统体育学科体系，需要从以下几个方面着手进行。

（一）正确选择研究方法

要想构建出一个科学、完整的民族传统体育的学科体系，正确的研究方法是不可或缺的，因为，其能对整个构建工作的开展起到积极的指导作用。一般的，对于那些能够用于本学科体系研究的方法，可以进行不同层次的划分，比如，研究技术、具体方法、方法论。其中，整个研究过程都涉及方法论的层次，而研究技术、具体方法则属于实际操作的层次。

1. 整体论方法

整体论，就是指任何实体都具备自身不同组成部分总和的存在价值与状态。在构建学校民族传统体育学科体系过程中运用整体论方法，能够起到的作用主要表现为：有效摒弃本学科中那些较为狭隘的定性思维方式，在人类科学文化的广阔发展环境中研究本学科体系的构建，用新思想进行民族传统体育的体系建设与发展。

2. 文化相对论方法

整体论方法是研究民族传统体育学科体系的一个重要方法，而文化相对论是整体论的重要组成部分，从文化的特定内容中，能够对其他种族的风俗及信仰有所了解。运用文化相对论的方法，能够对民族传统体育学科体系构建过程中所存在的文化方面的差异性有更加深层次的了解与认识。

3. 实地研究考察方法

实地研究考察，就是前往实际地点展开素材收集。理论来源于实践，因此，要构建民族传统体育学科理论体系，就要首先走入民族传统体育活动的实践中，从大量典籍、书籍、文献中查找相关记载，当素材收集到一定程度时将其系统地叠加到一起，将其中的理论总结、抽离出来。实地研究考察这一研究方法在构建民族传统体育的学科体系时是非常重要且必要的。

（二）构建基本学科框架

对于理论和文化来说，其建立都是在一定基础上实现的，同样的，民族理论与民族文化的建立也需要具备一定的传统基础，民族传统体育文化的建立更是如此，否则就是空中楼阁。民族传统体育学科体系的基本学科框架必须要包含两个方面的内容。

1. 基础理论

基础理论包含较为丰富的内容，对于民族传统体育来说，主要涉及其文化价值、基本特征、概念体系的研究，该学科与经济、政治、宗教、民俗、民族文化等方面的关系，民族传统体育的内在规律（如其继承、变异、传播、流行等）。除此之外，与民族传统体育学相关的一些学科知识也包含在基础理论的范畴中，比如，民间体育、导引养生、我国武术史、体育美学、体育史、民俗学、民族学等。

2. 研究与应用

那么，民族传统体育学科体系的科学构建，研究与应用是其重要的实践过程。研究与应用这一实践的开展，能对民族传统体育与其他活动时间的关系进行妥善处理，对于全民健身战略与民族传统体育的有机结合会产生积极的影响，除此之外，也能使学校民族传统体育开展更为顺利，更加合理，对于民族传统体育的产业化、社会化发展有重大的推动力。一般来说，民族传统体育体系的研究与应用涉及的内容除了体操、田径等基础运动项目之外，还有其他学科，比如，运动力学、运动医学、运动生理学、运动解剖学、基础中医学、运动训练学、体育营销学、体育经济学等。

（三）设置学科主要专业

民族传统体育走入学校，设置民族传统体育专业是一个重要途径，由此，能大力弘扬我国民族文化，提升民族传统体育的地位，促使学生有效把握民族传统体育基础技能、基础技术、基础知识，指导民族传统体育内容的确定，明确民族传统体育的未来发展方向、趋势，培养具备民族传统体育科研、训练、教学等多种能力的优秀教师以及科研人员、运动员、教练等综合型人才[41]。

目前，很多学校普遍将武术作为民族传统体育学科专业的主要内容，其他相关民间体育、传统养生等则处于次要地位，其他方面的项目则极少。国内民族传统体育项目众多，如果只是片面地将其划分成以上三部分是极不合理的。这就需要在设置民族传统体育学科的专业时，要把目光放到更加广阔的领域，统筹兼顾，涵盖民族传统体育其他的内容。所设置的民族传统体育学科的主要专业应包含地域特色课程、传统体育养生、武术等多个方面。

（四）完善体系指导思想

任何行为的产生，都是在一定的思想引导下实现的。因此，将有效的指导思想确定下来至关重要，其能够为民族传统体育的学科体系构建起到指导作用。要做到这一点，需要首先对该学科体系建构的挑战有一定的认识，并且将新的理念加入民族传统体育这一学科之中，为文化的可持续发展提供充足的动力。因此，这就要求在构建民族传统体育学科体系时，一定要将社会发展情况作为重要因素考虑，要保证其与新时代发展的适应性，以现代化思想对本学科体系进行优化与完善，遵循取精华、去糟粕的思想理念，让民族传统体育的学科体系的现实意义更加显著。

（五）落实学科体系创新

目前，民族传统体育的发展还处于初步发展阶段，对专业人才的需求较

大，因此，为了与之相适应，创新学科体系就需要加强落实了，从而对人才进行创新性培养，使民族传统体育各个项目与社会发展需求相适应，从而有效提升民族传统体育的学科体系的科学化程度。与此同时，民族传统体育有关项目的创新投入也要有所增加，通过多种方式的运用，来有效提升民族传统体育的专业质量，逐渐培养学生的相关意识，将民族传统体育的价值充分体现出来，由此，也进一步使民族传统体育精神在学生身上得到传承、发展和弘扬。

第四节　丰富与弘扬中华民族传统体育精神

在新的时代背景下，各项体育事业的发展离不开人们的广泛参与。为推动我国民族传统体育的发展，必须丰富与弘扬中华民族传统体育的精神，将体育强国战略、社会主义核心价值观融入其中。在今后的发展中，我国民族传统体育要以体育强国战略为指导，实现长远的发展。

一、中华民族传统体育精神的基本理论

（一）中华民族传统体育精神的内涵

中华民族传统体育精神的形成与大众参与体育活动是有着密切关系的，后者是前者产生的温床，可以将中华民族传统体育精神简单理解为民族精神与体育精神的结合体。

中华民族传统体育精神的重要基础是顽强拼搏、团结协作、公平竞争，为祖国荣誉无私奉献的爱国精神则处于重要的核心地位，这不仅是我国精神文明建设中重要的组成部分，同时也是中华民族的精神财富。

透过中华民族传统体育精神，能够将竞技体育的魅力充分展现出来，对于运动员来说，能产生积极的鼓舞作用，使其能更好地实现自我、超越自我，不轻言放弃，勇往直前。

（二）弘扬中华民族传统体育精神的重要意义

大力弘扬中华民族传统体育精神，能为人们树立正确的价值观提供帮助，使人们对顽强拼搏、团结协作的价值有更加深刻的认识与感悟，通过积极的引导，使大众在工作生活中形成相关的意识，从而保证社会主义核心价值观的统治地位。

近年来，我国体育事业的发展速度越来越快，国家在这方面的发展目标也随之进行了调整，发展目标更加深远。之前所制定的发展初期建设“体育大国”的目标，已经逐渐转变为如今新时代背景下建设“体育强国”的目标[42]。这一转变，所体现的是发展理念的不断改革和创新。

二、弘扬中华民族传统体育精神的主要困难

中华民族传统体育精神的弘扬意义重大，但是，弘扬过程却并不顺利，其中，最主要的困难有以下几点。

（一）传统文化的缺失

中华民族传统体育精神来源于传统文化，而西方文化的冲击，使得民族体育的角色发生了变化。尽管民族传统体育已经有了较为广泛的开展，在学校中也有开设的相关课程，但是，其与篮球、足球等这些项目之间的热度和受关注程度还是有较大差距的，无法掩盖民族体育活动被忽视的事实。

在中国传统体育活动中，具有显著特色的体育活动不在少数，而且经过演变和发展，已经为现代人所接受，并且适应了相应的运动习惯，这些可以算得上是高质量的体育资源。但是，这样优秀的体育资源和传统文化的开发和推广程度并不高，其发展势头也并不理想。其主要原因在于忽视了传统文化在中华体育精神中的作用。因此，在新时代的背景下，弘扬中华民族传统体育精神，一定要将中国传统文化融入其中，构建更具中华特色的体育文化。

（二）与核心价值观的融合缺失

当前，在西方文化和西方思想的不断冲击下，我国的思想意识呈现出了多元化形势，在这样的背景下，树立健康的主流价值观意义非凡。随着体育活动商业化程度的提高，竞技体育中的利益得失引发了很多道德问题，这些与中华民族传统体育精神中公平竞争的要求是严重违背的。因此，开展中华民族传统体育精神与核心价值观的融合工作就被提上日程，并且刻不容缓，要与实际案例相结合，来使宣传工作的感染力得到进一步提升，使人们充分理解中华体育精神的内涵，进而践行核心价值观，形成良好的社会风气。

（三）发展动力不足

改革开放后，中华民族传统体育精神得到了进一步的丰富，中国的运动健儿将振兴中华的情感融入其中，勇往直前，无私奉献。这一时期民族凝聚力空前高涨，成为人们艰苦奋斗的不竭动力，也为国家的快速发展提供了充足的推动力。

但是伴随着西方竞技体育的冲击，我国民族传统的发展受到了严峻的挑战，为跟上时代发展的形势，民族传统体育也要走市场化发展道路，这使得民族传统体育打上了鲜明的经济与政治烙印，民族传统体育主体文化观念也有所缺失，这是弘扬中华民族传统体育精神过程中出现后续动力不足问题的主要原因，这就制约甚至阻碍了中华民族传统体育精神的弘扬与发展。

三、丰富与弘扬中华民族传统体育精神的有效途径

（一）在保持自身特色的基础上与现代文化相融合

在当今社会中，民族传统体育文化的发展方向有两个，由传统走向现代以及由民族走向世界，这两个趋势都是与时代发展相适应的。面对这种发展趋势，要丰富和发展民族传统体育，一方面，要正视西方体育文化对民族传统文化的冲击，在应对时也要采取积极主动的方式。另一方面，促进民族传统体育与世界的接轨，使全世界人民都能对中国民族体育有所了解，并感受到中华民族传统体育精神。

（二）将传统文化融入中华体育精神中

当今社会的发展，提出了一些科学的理念和战略，以人为本就是其中之一，也是基本要求之一。因此，文化建设也要遵循以人为本的基本原则。随着全球化程度的不断提升，中国与世界各国的交流越来越密切，在进行中华体育精神的传播时，也要注意提高人民群众的爱国精神，从根本上强化传统文化的认同感，提升中华体育精神的文化自信，通过增强人们的认同感和自豪感来达到更好地弘扬中华民族传统体育精神的效果。

（三）将自身资源充分利用起来，推动全民健身的发展

当前，随着健康第一、终身体育指导思想的不断推进，再加上体育强国战略的实施，健身事业得到了蓬勃的发展。经过现代的一些改造和优化之后，民族传统体育项目可以为全民健身提供良好的资源。尤其是经济不太发达的农村地区或者少数民族地区，这些健身项目对场地和设施的要求不高，并且可以和当地的民俗节目等结合在一起，能够为全民健身的普及起到积极的促进作用。

在城市中，可以以社区为单位建设健身场地，推广健身活动，如此一来，不仅能使居民的健康水平得到有效提升，还能对邻里之间的相互交流起到促进作用，总体上来说，这对于社会的和谐发展也是有益的。通过全面健身活动的推广，可以很好地普及民族传统体育，促进民族传统体育精神的进一步丰富和弘扬。

（四）将社会主义核心价值观融入中华民族传统体育精神中

民族传统体育是中华体育的重要内容，中华民族传统体育精神与社会主义核心价值观两者的相似性是非常高的，中华体育体育精神中的“为国争光，科学求实”与社会主义核心价值观中的国家价值目标“富强、民主、文明、和谐”两者是对应的关系；“团结协作，公平竞争”与社会主义核心价值观中的社会价值目标“自由、平等、公正、法治”相对应；“无私奉献，顽强拼搏”与社会主义核心价值观中的公民价值目标相对应。因此，将中华民族传统体育精神与社会主义核心价值观融合在一起，能够在弘扬中华体育精神的过程中帮

助民众树立正确的道德观和价值观，从而推动我国的道德建设。

（五）通过自身优势的发挥，更好地融入学校教育中

当前，我国的教育水平突飞猛进，但是，学生的体质问题却并不乐观，导致这一问题产生的原因有很多，比如，当前的环境卫生，现在学生体育锻炼严重不足，以及对中华民族传统体育精神的体会和领悟不够等。因此，开发能使学生得到有效锻炼的新体育项目，并且加强中华民族传统体育精神教育活动的开展对于学校的体育教育来说至关重要。

针对学校体育教育的需求，研究民族传统体育项目的要求和特点，做出相应的改进和完善，使其适应学校体育教育的要求，从而使民族传统体育以及中华民族传统体育精神走进学校，走进课堂，使民族传统体育文化的发展有新的途径，通过学校教育实现更广泛地传播和更好地发展[43]。

（六）进一步拓展中华民族传统体育精神的传播途径

当前，已经是信息化社会，互联网技术和信息技术高速发展。我国作为体育大国，在赛事转播和项目输出上，相较于一些体育强国还是比较落后的，这就需要通过影响力较大的体育文化公司来推动我国体育事业的发展，从而使中华民族传统体育精神的丰富和弘扬得到有力保障。

同时，中国体育人物、经典事件的挖掘和创作，也能达到使中华民族传统体育精神传播途径有效拓宽的目的。当前，优秀体育文化产品的传播，在国内以及国际上都能产生较大的吸引力和关注度，这对于提升中华民族传统体育的知名度以及弘扬中华民族传统体育精神都是有积极的促进作用的。

第八章 CHAPTER EIGHT

建设体育强国背景下学校体育文化系统的建设与实证分析

在体育强国背景下，加强学校体育文化系统的建设与发展是非常重要的。学校体育文化系统的内容非常丰富，通常来说主要包括体育物质文化系统、体育精神文化系统和体育制度文化系统几个层面，加强这几个层面的建设具有重要的意义和作用。

第一节　学校体育物质文化建设与发展

一、学校体育物质文化的内涵

物质文化可以说属于一种实体文化，如学生在平时的体育课中经常用到的操场、篮球、单杠等都属于这一类的实体。也就是说，学校体育文化中的物质文化主要表现在体育运动场地、体育设施、体育设备等几个方面，这些实体内容对于体育教学活动的顺利开展具有非常重要的意义，各种教学活动的组织与开展，课余锻炼的进行等都离不开这些物质文化的内容。

物质文化属于体育文化的重要组成部分。表现在学校体育文化体系中，物质文化就是学校体育文化体系的重要基础，学校体育文化的发展要以物质文化为依赖，缺少了这一重要的基础，学校体育文化也就难以建设与发展。一句话，校园体育物质内容构成了学校体育文化建设中的“硬件”，起着重要的基础作用。在学校体育文化建设与发展的过程中，物质文化是重要的基础和保障，一切教学活动或课余体育活动的进行都是建立在这些物质基础之上的。脱离了物质基础，这些活动都无法顺利进行。

在学校体育建设中，体育物质文化的建设非常重要，作为体育教育部门理应认识到体育物质文化建设的重要性，加大这方面的资金投入力度，搞好体育基础设施建设。学校体育物质文化的内容是非常封堵的，我们平时所看到的体育建筑、运动设施、运动装备等都属于体育物质文化的内容。另外，一些文化现象，如体育雕塑、体育标语、体育图书音像资料等也属于此类内容，由此可见体育物质文化的内涵是十分丰富的。学生生活在校园中，通过这些客观存在的实物能受到潜移默化的影响。这些体育物质都是学生参加体育教学活动或课余体育锻炼的重要载体，对学生运动能力的提高起着重要的作用，因此学生一定要注意维护好这些基础设施，确保其不受到破坏。总体来看，这些体育基础设施的建设状况、设计水平和文化内涵等衡量一个学校体育文化发展水平的重要标志，加强学校体育物质文化的建设势在必行。

二、学校体育物质文化建设的现状与存在问题

（一）学校体育物质文化建设现状

体育场地、体育设施、运动装备等都是学校体育活动开展的重要基础和载体，这些物质载体的建设情况如何将直接影响到学校体育教学活动能否顺利开展。学校体育文化的建设属于一项大工程，这一工程的进行需要各种载体作为辅助，其中体育场馆、体育器材等都是非常重要的载体内容，加强这些方面的管理非常重要。

当前，我国校园体育物质文化建设中还存在不少问题，下面做具体分析。

1. 我国学校体育场馆建设与管理的现状

伴随着学校教育的不断发展，我国大多数学校都开始重视体育教育的发展，为促进学校体育教育的发展，学校教育部门加大了体育教育的投入力度，建设了一大批高质量的体育场馆，购置了先进的体育教学器材，这在一定程度上满足了学生学习体育的要求。但是还有一部分学校在体育基础设施建设方面存在很大的不足，体育器材、运动设备等的购置甚至未达到国家制定的标准，为学生的体育教学活动和课余体育锻炼带来了不利的影响。很多学校的体育器材、设备等还不能达到教育部规定的相关标准，不能很好地满足学生参与体育教学活动或课余体育锻炼的需要，这一点需要引起高度重视。

（1）校园体育场馆的建设状况。总体上来看，我国大部分学校的体育场馆数量还是比较多的，能基本上满足学生上体育课的需求。但一部分学校还存在着体育运动场地严重短缺的现象，除此之外，还存在体育场馆利用率低、美观度不足等一系列问题，尤其是绝大部分的体育场馆都欠缺独特的设计元素，缺乏美感，这一点也需要引起重视。

（2）校园体育场馆的管理现状。关于学校体育场馆的管理，目前我国学校体育教学主要存在三种形式，即体育教学部门管理；学校总务、后勤等部门兼管；专门的体育场馆管理组织。这三种形式各有利弊，需要学校体育教育管理部门结合自身实际合理选择，最好是将这三种形式综合利用起来。

2. 校园体育物质环境现状

大量的实践与事实表明，一个良好的体育物质文化环境对于学生的发展具

有重要影响，在良好的体育物质环境下，能有效激发学生学习体育的动机，促使其积极投入到体育教学和课余体育锻炼中。对于青少年学生而言，他们正处于青春发育阶段，还没有建立和形成良好的体育价值观念，在今后的体育教学中，体育教师要引导学生树立正确的体育价值观，将体育价值观的培养作为学校体育教育的重要内容。

在学校体育教学中，加强学校体育基础设施的建设至关重要，因为只有在良好的体育基础设施条件下，学生才能顺利安全地参加体育教学活动，实现体育教学的目标。据调查，当前我国有很多学校的体育基础设施建设不足，缺乏体育物质文化建设的意识，这对于学校体育教育的发展是十分不利的。

另据调查发现，当前我国大部分学校都缺乏体育物质文化建设的宣传，即使有一些学校在体育物质文化建设方面处于较为领先的地位，但对于体育物质文化建设的宣传与推广仍是不够的，这需要今后进一步加大宣传力度。在今后的学校体育物质文化建设的过程中，学校体育部门要与其他部门做好充分的沟通与交流，加大体育物质文化建设投入的力度，提高师生建设体育物质文化环境的意识，努力构建一个良好的学校体育物质文化环境。

（二）学校体育物质文化建设中存在的问题

据调查，当前我国很多学校存在着体育场馆不足、体育设施陈旧等问题，造成这一问题的原因是多方面的。

第一，很多学校为了追求眼前利益而忽略了学校长远的发展，导致学校体育教育水平难以得到提升。

第二，伴随着我国高校教育的扩招，很多学校也紧跟这一形式，盲目地扩招，导致学生规模较大，使得体育优质资源变得非常紧俏，难以满足广大学生的体育需求。

第三，发展到现在，我国仍然存在着各地区经济发展不平衡的情况，并且这一情况甚至近年来有所加剧。这就导致很多学校尤其是经济发展相对落后地区的学校难以筹集到充足的资金用于学校体育建设，现有的体育场馆、运动设施、运动装备等难以满足学生的体育学习需求。

第四，尽管当前有一部分学校在体育基础设施建设方面情况良好，能满足学生参加体育教学活动或课余锻炼的需求，但是由于体育场馆及设施的维护费用较高，便采取了减少向学生开放次数的措施，导致学校体育物质资源的利用率非常低下。

学校体育物质文化环境的建设对于学生的发展具有非常重要的作用，学生长期在良好的物质文化环境下参加体育学习与锻炼，会受到教学环境潜移默化的影响，这一影响是积极的、有效的。大量的实践表明，良好的体育物质文化环境能有效地激发学生学习体育的兴趣，促进学生养成自觉参与体育锻炼的习惯。除此之外，一个良好的校园体育物质环境还会影响学生体育价值观念的形成，能帮助学生有效地提高自身的体育文化素养。由此可见，加强学校体育物质文化环境的建设尤为重要。

三、学校体育物质文化建设与发展的案例——以校园足球为例

在当今体育强国建设的背景下，各项体育事业的发展可以说都是体育强国建设的一块“拼图”。作为我国的一项弱势运动项目，中国足球运动水平一直都不高，无论是国家队水平还是职业联赛的发展都不尽如人意。之所以导致如今这样一种局面，除了与我国职业足球的发展时间较短外，与我国足球运动的基础不牢，尤其是校园足球及足球后备人才的培养不足等有着极为密切的关系。因此，校园足球作为我国足球运动发展的重要基础，理应受到重视。若校园足球、职业足球和足球产业等都得到发展，我国的体育强国建设也会迈上一个新的台阶。

校园足球要想获得健康的发展，物质基础建设是必不可少的。下面就以校园足球为例分析我国学校体育物质文化建设的情况，如此能为我国校园足球的健康发展提供真实可靠的依据，进而推动我国足球运动的发展，促进我国体育强国建设。

（一）学校足球基础设施建设的现状

足球场地与器材有着严格的要求与标准，如果足球场地与器材不达标，就不利于足球运动的开展，不仅难以获得理想的教学或训练效果，甚至可能会导致运动损伤。近些年来，我国十分重视校园足球活动的开展，国家体育总局也对此相应地不断增加投入，专门有用于校园足球开展的经费，尽管如此，与欧美足球强国，乃至于亚洲的日本和韩国相比，我国的校园足球硬件基础设施建设仍然需要大幅提高。

足球场地与设施是制约和影响我国校园足球运动开展的重要因素，这需要今后加强这一方面的建设。据调查可以发现，当前我国的足球场地非常有限，而且大多数场地都集中于高校校园中，足球场地分分布很不均衡，并且大部分足球训练设施十分陈旧，学生在这样的足球设施下进行训练容易导致运动损伤。因此，要将校园足球的硬件基础设施建设看作是一项重要的任务，不断完善我国的校园足球场地设施建设。

总体上来看，我国各学校的足球基础设施建设还存在着诸多问题，不能很好地满足足球教学的要求，尤其在一部分经济水平落后的城市更是如此。我国正规大型的足球运动场地非常少，这与欧美等足球强国具有较大的差距，并且这一差距逐步拉大。据调查，北京市有很多学校足球场地对外开放，但属于中小学活动场地的则很少，绝大部分属于高校的活动场地，我国其他城市的学校

足球场地建设情况与开放情况也大抵如此。

受资金与土地资源有限的限制，足球场地的建设不是一件容易的事情，建设大面积的足球场地需要大量的资金投入，同时在建设的过程中还会涉及行政审批等一系列问题，这更加使得校园足球的基础设施建设举步维艰。为做好校园足球场地的建设工作，国家相关部门及学校教育部门需要积极研究对策加以解决。

（二）学校足球基础设施的建设与管理

1. 学校足球草坪场地的管理与维护

（1）足球草坪场地的管理。在足球教学中，教学活动的顺利开展依赖于良好的足球场地。对于那些有草坪场地的学校而言，一定要加强足球草坪场地的管理。一般来说，使用足球草坪场地的时间要依据季节和气候而定，对于北方地区的学校而言，每年十二月至次年四月为草坪保养期，通常情况下不便于使用。五、六、七、八月可安排使用。而对于南方学校而言，足球草坪场地可全年使用。

另外学校足球草坪还要禁止机动车辆进入，所有的人员都需要严格遵守草坪场地的使用规定，爱护草坪场地内的一切设施，保证足球草坪场地的健康发展。

（2）足球草坪场地的维护。足球草坪场地的维护需要做好以下几个方面的工作。

① 修剪草坪。良好的草坪条件能保证足球教学活动的顺利进行，因此在平时的教学中一定要及时地修剪草坪，维持良好的草坪条件。一般情况下，草的长度，夏季时留 2～4 厘米，冬季时留 3.5～7.5 厘米。剪下来的草要立即清除，不能堆放在场地中。

② 喷水。一般情况下，草坪场地要 1 个星期喷水 1 次。喷水的时间最好在下午 6:00 至晚间，或早晨 9:00 以前。喷水的方法要正确，不能盲目操作。

③ 校正草的紧密度。草的紧密度对于草坪场地的维护非常重要，为保证良好的草密度，必须要保持良好的排水。除此之外，还要定期耙松表层，促进草坪的健康生长。

④ 施追肥。草坪的生长还离不开施肥，因此增施肥料是必需的。通常情况下，每年要施追肥 2～4 次。

⑤ 找平（压平）。长期使用足球草坪场地会导致发生地面不平的情况，为了保持草坪的平整性，还要对其进行一定的平整，以便于教学活动的开展。

⑥ 修补。为了保证足球草坪场地的自然更新，防止杂草侵入，还要对其进行一定的修补。通过修补可以使草坪平伏、结实，利于草坪草生根繁殖。在修补之后还要对其重新追肥，促进草的生长。

⑦ 防除杂草。清除与草坪草竞争的阔叶杂草。草苗长出地面 2 厘米之后，要拔除野草。开始 7 天拔一次，连续拔 4～6 次。视野草生长情况确定拔草时间和次数。也可以每年喷施若干次选择性除草剂。

⑧越冬措施。为维护足球草坪场地的良好生长，在越冬前还要采取针对性的措施对其进行保护。如修剪、浇冻水、滚压等都是非常有必要的措施。另外，在来年返青之后还要及时地浇水，浇水时间应根据当地的天气和气温决定。

2. 学校足球体育场馆及设施设备管理

（1）足球体育场馆设施设备的管理。

① 制定使用的方法和制度。制定体育器材使用的方法和制度，正确使用器材，规定体育器材使用的借用手续、使用方法、归还方法和非正常损坏的赔偿办法等，以此减少不必要的消耗和损坏，以延长使用寿命。

② 在借用时，应办理借用手续，多凭工作证、学生证或个人身份证办理，借用一些特殊的体育器材还应交付一定的押金。使用办法包括正确使用的流程，禁止的事项。一些固定性的体育器材附近应注明使用的方法和注意事项。

③ 在使用时，应该做好现场指导、监督工作。体育器材使用后，应归还原处。在归还时，工作人员应核实归还数量与借出数量是否符合，器材有否损坏，并做好记录。器材如有非正常损坏，应根据损坏情况和相关赔偿制度做出恰当的处理。

④ 制定清点检查设施设备的制度。为管理好器材设备，必须根据各种设备的特点建立清点检查器材设备的制度。通常对于所有器材设备来说，都必须有年终的清查、比赛前的清查和赛后的清查，清查是为了把不能继续使用的器材设备及时维修或报废更新。

⑤ 做好足球设施设备的维护和保养。体育器材设备种类繁多，其制作材料更是多种多样，有金属、木材、人造革、动物皮、橡胶、棕、毛、布和化纤材料等。器材设备的材料不同，其维护和保养的方法也各异。

总之，体育器材的维护管理要责任到人，加强日常管理的各项工作。要以文字形式提出具体的器材保养要求，如果是进口器材，则应及时将外文部分翻译成中文。要制定每日、周、月、季、半年、一年的维护计划。一般日常维护都由服务人员、使用人员承担，大型设备的定期保养由专业维修人员承担。总负责人要定期、不定期地检查器材的维护、管理工作状况，在出现问题时能及时解决。

3. 足球场馆的安全卫生管理

（1）安全事故预防。为保证足球场馆的安全，需要做好以下几个方面的工作。

① 建立健全和完善的安全制度体系。在足球场馆的管理中，安全管理是非常重要的内容，一定要把安全工作放到最为重要的位置，构建一个完善的安全制度体系。

② 加强对管理人员的安全培训。要引导管理人员熟悉和掌握足球场馆的安全管理制度，提高其预防与处理安全事故的能力。在平时要注意对管理人员的培训，不断提升管理人员的安全意识，提升其安全技能。

③ 加强对人流的疏导。一般来说，足球场馆的人流主要有观众、运动员或表演人员、工作人员等，加强对这些人流的疏导也是非常重要的。通常情况下，观众人流要与其他人流隔开；工作人员、运动员等要有专用的通道和入口，足球场馆的设计要保证所有的人流安全迅速地疏散。

（2）场馆卫生管理。足球场馆的卫生管理工作十分重要，要根据既定的卫生标准展开各项工作。

① 场馆卫生标准：地面无尘土，无杂物，无痰迹，无污点。饮水台清洁，干净，无杂物；标箱和果皮箱内外清洁，无污渍。玻璃干净，明亮，无污点。

② 观众席卫生标准：地面清洁，无垃圾，无污迹，不粘脚。座椅干净，无污物，无灰尘。通道和楼梯干净，死角无脏物。墙及护栏无尘土、无污迹。

③ 厕所卫生标准：地面清洁无污点，无痰迹，无杂物。墙壁瓷砖无水锈，隔扇门干净无污迹。洗手池和地漏不堵，清洁无杂物，无异味。便池无粪迹，无尿碱，无水锈。

第二节　学校体育制度文化建设与发展

体育强国战略强调，要拓展夯实竞技体育的项目基础和人才基础，构建有利于我国体育事业发展的体制与制度。由此可见制度建设的重要性。在新的时代背景下，我们要以体育强国战略为目标，努力推进我国的各项体育事业的发展，实现体育物质文明、体育制度文明和体育精神文明的共同发展。表现在学校体育文化方面，就是要不断加强学校体育制度文化的建设，这是尤为重要的。

一、学校体育制度文化的内涵

在人类社会不断发展的过程中，制度文化建设作为其中的重要内容，一直伴随着人类社会的发展而存在。当前社会已进入一个高度的制度文明阶段，在良好的制度文化体系下，社会各项事物都能得到健康持续地发展。制度文化可以说是由多重元素构成的一个体系，这一体系涵盖的元素众多，如组织、政策、体制、规则等都是其非常重要的内容。制度文化可以说是一种介于物质文化和精神文化之间的一种文化形式。这一文化形式规范着社会各个层面的发展，确保整个社会获得平稳地发展。

对于学校体育而言，其发展也需要一定的制度作为保障，如学校体育教学活动的组织与开展，课余体育锻炼活动的开展，学校体育竞赛活动的举办等都需要一定制度或规则的保证，只有在相关制度的保证下，这些活动才能得到顺利开展。在平时的校园体育活动中，各种制度都是随处可见的，制度文化可以说是属于物质形态与精神形态的中间层面，起到连接二者的作用，为学校体育文化的发展提供了良好的保障。

二、学校体育制度文化建设的现状与存在问题

（一）学校体育制度文化建设现状

校园体育制度文化是校园体育活动的组织形式和体育意识的集中体现。这一文化的内容是非常广泛的，在这一制度文化体系的影响下，各种体育活动与行为能朝着正确的方向发展。当前我国学校体育制度文化建设的情况如下所述。

1. 体育传统方面

体育传统是指学校在体育方面形成的一种带有普遍性、重复性和相对稳定性的体育行为风尚。在当前教育背景下，我国学校体育教育的内容和形式都日益丰富，各种体育传统活动也保留下来并获得了发展，这对于学校体育教育的健康发展具有非常重要的意义。在学校中，校级运动会、各单项体育运动会等都是非常重要的传统体育活动，对丰富学生的精神文化生活具有非常重要的意义。

在当今教育背景下，各个学校都比较重视体育教学与课余训练的结合，也就是我们平时所说的课内外一体化教学。这种教学模式具有先进性。不仅能提升学校体育教学的质量，通过组建运动队参加运动训练，各种体育比赛，能提升学校的知名度和影响力。但需要注意的是，这一种模式也存在一定的弊端。第一，大部分学校举办这些比赛活动，缺乏活动名称设计的观念和意识，不利于学校体育活动的宣传；第二，大多数学校都重实践而轻理论教学，导致学生的体育理论基础知识结构比较欠缺，学生不能很好地认清“体育运动”的本质和价值。第三，一部分学校受经济实力等方面因素的影响，从没有组织过体育专题讲座或体育知识竞赛这样的活动，导致学校体育教学发展情况不容乐观。

2. 体育制度方面

学校体育教育的发展离不开一定的制度保障，只有在健全的制度保障下，各种体育活动才能顺利进行。学校体育教育的相关部门，要做好积极的协调工作，充分发挥人力、物力和财力的作用，制定科学合理的规章制度，确保以上

资源得以充分发挥作用。

伴随着我国学校教育的改革与发展，国家政府部门也制定与实施了一些学校体育规章制度，如学生体质健康标准、学校体育工作条例等，在这些规章制度的保障下，学校体育各项活动得以顺利进行。学校体育活动丰富多彩，其中体育教学、校内体育竞赛、运动队训练和竞赛等都需要一定的制度作为保障。但目前一个现实情况是，大多数学校的体育制度文件内容基本相同，没有针对性的学校制度，现有的制度并不能完全发挥其自身的效用。另外，很多学校欠缺长远的战略规划，在很多方面都未能形成一个合理的制度化文件，学校体育的制度化、规范化发展难以实现。另据调查，还有一些学校并不重视学校体育工作，没有按照国家制定的学生体质健康标准进行测试，甚至还存在着体质测试造假的现象，这对于我国学校体育教育的发展以及学校体育文化的建设是十分不利的。

（二）学校体育制度文化建设中存在的问题

学校体育文化的建设需要一定的制度保障，这是不容置疑的，这些规章制度是学校体育文化活动得以顺利开展的重要准则。在具体的学校体育活动中，这些准则成为约束与规范学生体育行为的基本原则，正是在这些准则的约束和限制下，学生才得以逐步养成依规行动的意识和习惯。现代社会是一个规矩林立的社会，学生在社会之中要服从管理、遵守公共道德。学生在学校规章制度下培养的各种规则意识，有利于学生更好地适应社会。

据调查发现，当前我国大部分学校的体育制度文化建设都存在一定的问题，学校体育制度体系的建设与完善并不是一件容易的事情，需要经过长期不断的反复实践。体育文化素养是学生人文素质的重要内容，同时也是形成校园体育传统的重要基础。但需要注意的是，随着社会信息化、现代化的发展，以往的一些规章制度已难以适应时代发展和学校教育的要求，作为学校体育的管理人员，一定要及时转变旧有的思想观念，加强体育制度的创新与发展，并将其应用于具体的实践之中。

三、学校体育制度文化建设与发展的案例

随着学校体育教育的不断发展，政府教育及体育部门制定了相关的制度确保体育教育健康持续地发展。这些制度的确立与实施对于我国学校体育的建设与发展具有非常重要的意义。

在学校体育制度建设中，要确立合适的目标，遵循基本原则，这样才能制定出符合当前教学实际的体育制度。

（一）建立师资和场地设施保障制度

学校师资队伍建设和保障制度，场地设施的建设和保障制度，这是实现教育教学改革总体要求必须具备的条件，也是保障党的教育方针能够真正落地落

实，保证习近平总书记提出的“六个下功夫”要求和“四位一体”的学校体育目标实现的要求[44]。

师资队伍保障制度建设，不但要制订什么时候配足配齐这样的计划，还必须制订在现在不足不齐的情况下怎么把体育课上好的计划。“上好”就是能够实现让学生在体育学习中享受乐趣、强健体制、锤炼人格这样的目标，实现教会学生运动技能，使他们能够经常性地训练，全面地参与竞赛。

健全师资队伍建设、场地设施建设相关制度，还要提出在制度规定的师资和场地设施的过渡阶段如何治理，如何分步骤实现的方案，也要提出包括安全风险防控、意外伤害保险等制度，这是中国特色学校体育治理体系建设的重要方面。我们现在在安全风险防控、意外伤害保险的问题上，各地的执行情况很不一样。现在中央明确了制度必须要健全，所以涉及学校体育保障条件方面，我们必须要把相关的制度体系梳理、建设和实施起来。

（二）建立合理有效的激励机制

激励机制就是要去搭建和完善学校体育的保障条件，研究如何激发五大主体（教师、学生、家庭、学校、社会）的积极性，激励五大主体积极主动地做好相关工作，积极主动地去实现学校体育“四位一体”的目标[44]。有了完善的制度体系，包括教育教学制度体系，以后师资队伍建设、场地建设和其他方面的建设，做得好就可以奖赏，做得差就可以处罚。

（三）建立“教会、勤练、常赛”的教学制度

学校体育教学改革的核心就是要教会学生运动技能。教会学生运动技能，这在我们传统的体育课教学中并没有明确提出来。学生运动技能的培养和提高则需要长期勤奋地练习才能实现，另外通过大量的比赛更有利于这一目标的实现[44]。因此，要把“教会、勤练、常赛”这样的教学改革的方向、目标变成制度，固化起来，并建立健全“教会、勤练、常赛”的治理机制和督察机制，要让它真正地落到实处。

第三节　学校体育精神文化建设与发展

体育强国战略非常重视体育物质文化、体育制度文化与体育精神文化的共同发展，因此在学校中加强学校体育精神文化建设符合体育强国建设的要义，学校体育精神文化得到发展了，也能为我国的体育强国建设贡献一臂之力。本节重点研究与分析我国学校体育精神文化的建设与发展情况。

一、学校体育精神文化的内涵

学校体育是学校教育的重要组成部分，伴随着体育运动的不断发展，体育

教育在学校教育中的地位也越来越重要。发展至今，在学校中已建立和形成了学校体育文化体系，在学校体育文化体系中，精神文化是其重要的内容，它在学校体育文化中居于主导地位，对学校各方面的建设都有着潜移默化的影响。学校体育教育的内部有着核心的精神文化驱动，学校体育精神文化的发展理应受到高度重视。

如果拥有一个浓厚的学校体育文化氛围，学生就能从中感受到学习的气氛，从而逐渐形成一个体育文化小群体。在这样的群体之中，学生能形成主人翁的责任意识，能被集体氛围所感染，从而形成良好的体育观念，养成正确的体育行为，从而促进学生的全面发展。

二、学校体育精神文化建设的现状与存在问题

（一）学校体育精神文化建设现状

学校体育精神文化指的是师生在体育精神层面所表现出的观念和思维方式等。关于当前我国学校体育精神文化建设的情况可以从以下几个方面展开分析。

1. 体育观念

在学校体育教育中，拥有良好的体育观念能使师生在开展体育运动锻炼时采取恰当的体育行为。具体而言，体育观念主要是人们对体育在健身、娱乐、审美以及在心理素质、道德水准、智力培养等方面所体现出来的价值认识程度。总体来看，目前我国大部分学校的学生在体育观念方面还存在一些问题。

据调查，大多数学校的学生都能够认识到体育运动锻炼的价值与作用，但受一些客观因素的影响，很多学生对于体育价值的认识不够深刻。据调查分析，大部分学生并不清楚体育观念的内涵，就连体育观念的内容也不是很了解，在这样的情况下，学生很难建立起自觉参加体育锻炼的意识和习惯。但是，处于青春期的学生可塑性较强，如果能在体育教学中适当引导，他们就能建立和形成良好的体育价值观，从而养成自觉参加体育锻炼的习惯，从而形成终身体育的意识。

2. 体育精神和体育道德

大量的实践与事实表明，体育精神的价值非常重要。在学校体育教育中，体育精神的价值主要体现在促进学生全面发展和促进学校教育长远发展两个方面。学校体育精神的内容十分丰富，其中团队精神、竞争精神、拼搏精神等都是非常重要的内容。加强学生体育精神的培养对于学生、学校教育的发展都具有重要的意义。

体育精神的培养与发展受到多方面因素的影响，如学生民族，学校体育传统、学生性别等，其中后两项因素的影响最大。在学校体育教育中，男生的竞

争精神要比女生强。体育传统对体育精神具有重要的影响。在组织与开展体育运动的过程中，大多数学生能够养成自觉遵守规则的意识，但是却缺乏创新精神的意识，学生这一方面的意识值得大力培养。

在体育教学中，培养学生的体育道德是非常重要的，也是很有必要的。培养学生的体育道德主要是培养学生的体育意识、体育价值、体育观念等。通过参与大量的体育教学活动，学生能从中受到深刻的教育和启发，久而久之能形成团结协作、遵守规则、公平竞争的精神，能提高自身的体育道德修养。但需注意，在体育教学中，对于没有表现出明显的责任意识和集体主义精神的学生，作为体育教师，要善于引导学生培养这方面的意识。

3. 体育风尚

为促进学校体育教学的发展，还需要建立良好的体育风尚。体育风尚主要指的是一个人的体育行为和习惯。

据调查，当前我国大部分学校的体育风尚都难以令人满意。这突出表现在以下几个方面：第一，自觉参与体育运动锻炼的师生很少，没有养成终身体育的意识和习惯；第二，参与体育赛事欣赏的师生占据一定的比例；第三，在体育教学中没有形成良好的体育氛围。

伴随着我国学校体育教育的不断发展，学生的体育观念也相应地发生了一定转变，在这样的情况下，主动参与体育锻炼的学生越来越多，在共同参与体育锻炼的过程中，学生的体质水平得到了明显提升，与人交往的能力也得到了提高。这对于体育风尚的形成具有非常重要的作用。

（二）学校体育精神文化建设中存在的问题

当前，我国绝大部分学校在体育精神文化建设方面还存在不少的问题，这主要体现在以下几个方面。

1. 体育观念方面

总体来看，我国绝大多数学校学生的体育观念还是比较正确的，但是普遍缺乏深厚的内涵，在一些传统观念方面还存在不少的问题。很多学生的体育观念大都停留在原有强身健体的基础上，这对于学生的体育学习是非常不利的。因此加强学生体育观念的培养是十分重要的。

2. 体育精神方面

体育精神属于体育精神文化的重要内容，在这一方面，绝大多数学生能够做到遵守规则、服从裁判和尊重对手。但存在着创新思维不足等问题，学生在具体的活动实践中缺乏一定的灵活性和创新性，因此要构建体育创新文化氛围，就需要加强学生这一方面体育精神的培养。

3. 体育风尚方面

在体育风尚方面，和以往相比，当前我国大部分学校师生的体育观念都得

到了转变，但也存在一些问题，如自主参与体育活动的意识较差，缺乏足够的体育实践。如果学校体育文化相关管理部门能够积极组织相关体育文化活动，引导广大师生的体育行为，这有利于形成稳定的良好的体育风尚。

4. 体育道德方面

受家庭、学校、社会等方面因素的影响，很多学生都缺乏体育道德方面的意识。而体育道德素质的缺失则不利于学生的体育学习。作为体育教师，要深入了解每一名学生的实际情况，针对不同学生的特点与实际进行有针对性的体育道德教育，从而促进他们体育道德水平的提高。这对于学生的未来发展具有深远的影响。

在当前社会发展的背景下，受各种客观因素的影响，人们的身体素质每况愈下、集体观念和集体意识淡薄、各种道德危机层出不穷，因此，必须重视校园体育精神文化对学生的教育作用，只有加强学生体育道德的培养才能促进学生的全面发展，也能构建一个完善的学校体育文化体系，促进学校教育的长远发展。

以上就是我国学校体育精神文化建设的现状与存在的几个重要问题，在当今这样的发展情况下，对于我国的学校体育文化，乃至体育强国的建设都是不利的，因此，在今后的发展过程中，一定要以体育强国战略的诉求为指导，不断改进与完善我国的学校体育精神文化体系，推动我国学校体育文化的发展。

三、学校体育精神文化建设与发展的案例

在学校体育教育中，加强学生的体育精神教育也是非常重要的，通过提升学生的体育精神素质能极大地完善学校体育精神文化体系。在学校体育精神文化建设中，学生的终身体育思想教育、集体主义精神教育、个性化教育等都是非常重要的内容。

（一）终身体育思想的培育

终身体育是我国体育教育的终极目标。随着我国素质教育的实施，学生的身心素质及身心健康水平受到国家和社会的广泛关注和重视。培养学生终身体育意识，养成终身参与体育的习惯是提高我国国民素质的有效途径和手段。

加强学生的终身体育思想的培育是十分重要且必要的，可以从以下方面进行。

1. 培养和增强自身的责任心和责任感

在平时的教学中，学生应通过对自身健康成长的关注，找到自己内在需求，激发自己参与运动的激情，并在运动参与的过程中获得满足，为终身体育意识的培养打下良好的基础。学生的自我实现是一个“痛并快乐着”的过程，

发挥自我潜能实现个人理想并非一蹴而就，需要极大的意志力来克服外界困难和自身惰性。大学生中通过体育活动达到自我实现的人很多是为了“痛”过后高峰体验所带来的“快乐”，这种臻于顶峰而又超越时空与自我的心灵满足感与完美感成为不断激励自我实现的动力。如北京理工大学的三高俱乐部、中国地质大学的攀岩俱乐部等都是活跃在高校体育中成功的例子，值得借鉴。

2. 通过学习体育知识、技能，培养自我锻炼能力

为促进学校体育教学的发展，还必须要培养学生良好的体育意识，只有如此才能引起学生学习体育的兴趣，形成自觉参加体育锻炼的习惯。在良好的体育意识下，学生的体育求知欲也会不断增强，学生学习体育的兴趣会得到不断强化，这对于学生终身体育意识与习惯的形成也具有非常重要的作用。

3. 积极主动地融入学校体育文化氛围

积极参与学校体育文化活动。除了常规体育课、课间操、课外俱乐部活动外，要积极参与各项竞赛的组织、裁判与竞技，做啦啦队成员，加入体育表演的队伍，参加各种各样的体育讲座、参与编写体育知识宣传，关注体育小常识橱窗、观看校园竞赛，收听收看体育广播、电视中的体育节目等。以上这些活动都能很好地提高学生的体育意识，帮助学生养成良好的体育行为，从而建立和养成终身体育的意识。

（二）学生个性化教育

学生的个性化教育也是体育精神文化建设的重要内容，通过学生的个性化教育能打造一个富有特有的体育文化环境或氛围，从而有利于学校体育教育的发展。在当今素质教育背景下，个性化教学非常符合素质教育的要求，也符合“以人为本”的教育理念，因此对学生进行个性化教育具有非常重要的意义。

学生的个性化教育主要体现在理论与实践两个方面。在具体的操作过程中，要将学生的个性化教育理论与实践相结合，通过各种各样的体育教学手段激发学生体育锻炼的积极性，帮助学生养成自觉参与体育锻炼的意识和习惯。伴随着新课标改革的不断进行，学生的个性化教育就显得尤为重要。我们要将塑造学生的个性作为一个重要的发展目标，要不断培养学生的学习能力，促进学生的个性化发展[45]。这对于学生的长远发展具有非常重要的意义。

（三）集体主义精神教育

1. 培养学生健康积极的生活态度和集体主义荣誉感

在学校中开展体育运动的主要目的是强身健体，此外，培养学生健康积极的生活态度和团结合作的精神也是其中一个非常重要的目的。人是社会的细胞，需要在社会实践中去认识社会、理解社会。体育是一种社会现象，也是一种较为独特的社会交往活动，是人生社会的一个缩影。我们要让学生在体育活

动中去认识体育的实质，从而达到认识人生、认识社会的目的；在体育活动中让学生学会竞争，增强拼搏进取的意识：在体育的相互交往中学会尊重、学会合作，增强学生的集体荣誉感[46]。

2. 培养学生的是非感、正义感

体育运动是在严格的规则约束下进行的健康文明活动，应教育学生遵守规则与规定，按规则允许的精神去认识问题、辨别是非；不斤斤计较，不搞小动作，不投机取巧，而要靠真正实力、靠智慧技巧、靠人格精神去战胜对手，取得胜利；同时应尊重事实，弘扬正义[47]。

3. 培养学生吃苦耐劳、不怕困难、不怕失败的顽强意志

要让学生养成在运动中吃苦耐劳，疲劳时咬紧牙关坚持到底，从困难中学会坚韧不拔、持之以恒，从失败中学会决不气馁、再拼再搏，胜利时冷静处之、绝不得意忘形的健康心态。坚强意志是人格精神中不可缺少的重要素质之一，体育运动是培养坚强意志的一片沃土，有待我们体育教师的深耕细作[48]。

在学校教育中，加强学生的体育精神教育非常重要。它不仅可以使人体质健康，而且能使人的心灵健康。作为一名优秀的体育教师不仅要掌握专业知识、专项技术，而且要充分理解体育精神的极大潜力和深刻内涵，把体育精神的教育功能和体育技术专业教育有机地结合起来，融为一体，充分贯彻到体育教学之中，为国家培养出高素质的体育人才。

第九章 CHAPTER NINE

建设体育强国背景下学校体育文化体系的构建与探索

学校体育文化是校园文化的重要组成部分，有着独特的教育功能与健身功能，构建学校体育文化体系在促进校园文化繁荣发展、建设品质学校、培养创新人才、传承民族优秀体育文化、提高学生综合素质等方面具有积极意义与重要推动作用。大力构建与完善学校体育文化体系，对提升中华民族文化软实力，促进体育强国建设也具有积极影响。本章着重在建设体育强国背景下探索学校体育文化体系的构建。

第一节 建设学校体育文化体系的意义

一、学校体育文化体系建设促进校园文化发展

现代社会科学技术迅猛发展，人类在现代社会中获得了充分的物质享受。但任何事情都有两面性，快速发展的经济虽然给人类带来了好的生活，但由此形成的拜金享乐主义思想严重侵蚀了青少年的思想，导致一些青少年学生行为的异化。对此，在学校教育中要特别重视人文素质教育。体育在落实人文素质教育及培养学生健全人格方面具有重要意义。学校体育教育不但能够改善学生体质健康现状，提高学生学习效率，使学生树立终身体育意识和终身学习思想，而且蕴含拼搏进取、集体主义、爱国主义、责任心等丰富精神内涵和德育素材，能促进学生精神世界的升华与内在修养的提升。学校体育文化体系的构建可以使校园精神得到弘扬，可以促进学校竞争力的提升。学校体育中的物质条件、思想理念、制度政策、体育行为等是学校体育文化的重要组成部分，也是校园文化在体育领域的体现，这些内容的优化发展可促进校园文化繁荣发展。

国内外很多知名大学都注重建立优秀的运动队，有些已经形成了自己的品牌，产生了广泛的影响力，如我国清华大学的跳水队非常有名气，英国牛津大学的赛艇队更是在国内外都有很大的影响力。透过学校的这些传统体育优势和品牌运动项目，可以对这些学校的体育文化内涵有一定的了解，可促进大众对

学校文化的进一步认识，促进校园文化的弘扬与传播。

学校体育文化能够对师生的未来发展、日常生活产生重要的正面影响，加强对学校体育文化活动的积极开展，有助于促进学生体质、思想道德水平、体育精神及社会适应能力的提升，有助于促进校园文化活动的开展和良好校园文化氛围的形成，有助于激励更多的青少年学生参与积极向上的校园活动。

学校体育文化对校园文化的健康发展具有积极的引导作用，能够在培养学生健康人格、拼搏精神、乐观心理等方面发挥举足轻重的作用。现代社会发展呈现出科技化、智能化趋势，这对社会人才的综合素质提出了较高的要求，而加强学校体育文化建设有助于将体育文化的示范与引领作用充分发挥出来，从而促进校园文化发展，促进学生人格的健全、素质的提高以及活力的增加。

二、学校体育文化体系建设有助于培养创新人才

学校体育文化是一种特殊的校园文化，学校体育文化和学校共同成长、发展，在实践中越来越丰富，越来越繁荣，越来越完善，而且也不断有新的元素融入其中，内涵越来越丰富和深刻。“更高、更快、更强”的奥林匹克格言体现在体育运动的方方面面，也体现在学校体育文化中。格言中“更”反映了一个不断变化的过程，这个变化是向好的方向变化，是超越的过程，本质上来说也就是不断创造的过程。学校体育文化活动能够将学生的创造力、想象力激发出来，体育精神文化是学生不断创造与超越的内在动力。依靠学校丰富的体育文化活动资源来为创新人才的养成提供土壤与养分，对学生的进步与发展提供正确引导，使青少年学生明天更好，未来可期。

三、学校体育文化体系建设有助于推动国家教育政策的落实

《国家中长期教育改革和发展规划纲要》中提出：“我国在较长一段时期内的教育改革和发展的战略主题为：坚持全面发展，主要是全面加强和改进德育、智育、体育、美育”[49]。“健康第一”是学校体育教育的第一理念，在这一理念下开展学校体育教育工作，保证学生的课上学习时间和课下活动时间，提高课上教学质量和课下活动质量，在课上课下都注重对学生健康身心和良好精神品质的培养，响应国家的教育政策。

国家针对教育提出的规划、战略是不断更新的，是顺应时代进步的，是以培养更好的人才为核心目标的。传统体育教育思想强调在学校体育教育中培养学生的专业知识和专业技能，现代体育教育思想强调健康体质与专业发展是同等重要的，教育思想的转变有助于培养全面型人才，适应中国特色社会主义现代化建设的需要。我们要在学校体育文化体系建设中落实现代教育思想，在科学理念的指导下落实对培养现代化人才有重要价值意义的教育内容。

四、学校体育文化体系建设促进学生综合素质发展

社会主义现代化建设要求学校教育要培养身心素质好、文化素质佳、思想素质高、创新素质优等各方面素质全面发展的新型人才。培养新型复合型人才，要明确培养目标，要充分了解复合型人才应具备的基本条件，如身心健康、思想道德水平高、技能掌握全面、专业扎实牢固以及创造性强等。

学校体育文化活动对学生的学习和生活具有积极的调节作用，可以使学生在掌握体育知识、熟练运动技能的同时拥有健康体魄、健全心理，形成创新意识和提高创新能力。学校体育的教育功能具有独特性，学校体育文化在培养学生综合素质方面的作用与价值是其他任何文化活动都不可替代的。

五、学校体育文化体系建设促进国家体育文化繁荣发展

文化的繁荣发展与人的文化素质有很大的关系，人类积累丰富的知识，提高自己的受教育程度，培养人文素质，提高人文修养，将有助于促进民族文化的繁荣。学校具有传承文化的功能，承载着文化创新的重要使命，学校文化建设要发挥引领民族文化繁荣发展的作用。体育是教育事业，也是文化事业，发展学校体育可推动中华民族体育文化和国家文化软实力的提升。

第二节　学校体育文化体系建设的原则

一、科学性原则

建设学校体育文化要坚持科学性原则，要有科学精神，如实事求是，求真求实，在这一基础上坚持不懈、勇敢探索、大胆创新，寻求科学真理。坚持科学性原则能够促进学校体育文化的科学、健康及可持续发展。在这一原则下，围绕学校体育目标开展健康活泼、丰富多彩、意义重大的体育文化活动，对身心健康、全面发展的社会主义接班人进行培养。

二、主体性原则

学生的发展离不开良好的校园文化氛围，学校体育文化的发展有助于创建良好的校园文化氛围，这是激励学生学习的外在影响因素。作为新时代的接班人，青少年学生是个性化和时代性特征鲜明的独立个体，他们的主观能动性很强，是走在时代前沿、造福于未来时代繁荣发展的重要力量。教育学中的所有教育因素都是推动学生发展进步的外部因素，而学生主观上接受教育并将外在教育因素转变为自身知识、技能与修养，才能在内外因素的合力下实现进步与

发展。要充分发挥学校体育文化的教育功能，就要将学生的能动性、自主性充分调动起来，使其主体性得到充分发挥，让其在学校体育文化的熏陶下自觉、自主、自愿投入到体育学习中，积极参与到体育活动中。

三、开放性原则

构建学校体育文化体系要贯彻开放性原则，要从学校实际情况出发，将社会元素引进学校体育文化建设中，并引导学生参与社会体育活动。在学校体育教学和课外体育文化活动的开展中树立开放性理念，发散思维，举办院系之间的体育竞赛或校际体育教学比赛和运动会，促进同等级学校之间的相互沟通与交流，促进校内不同院系之间的协作，将各院系学生的体育道德风俗、运动水平充分展现出来。同时也可以以学校为单位参加社会体育赛事，使学校的体育文化、办校风格、良好形象以及学生的竞技实力、道德精神在广阔的社会舞台上展示出来。这对于促进学生开阔眼界、增长知识、积累经验具有重要意义。

四、实践性原则

建设学校体育文化体系要贯彻实践性原则，要从学校实际、学生生活、学生需求等客观情况出发，开展形式丰富多样、内容多姿多彩以及有深刻内涵与重要意义的学校体育活动，以促进学生体育知识的增长、运动技能的提升以及文化生活的改善，使学生将科学的健康理念和体育观内化于心，并养成良好的锻炼行为习惯。学生通过参与丰富多彩的学校体育文化活动，能够获得对生活实践的深刻体验与感悟，这对于学生树立正确的世界观、价值观、人生观具有积极的引导作用。

五、系统性原则

学校体育文化体系中的各组成部分联系密切，相辅相成，共同构成了学校体育文化这个有机整体。

在学校体育文化体系建设中贯彻系统性原则，要注意体系中不同组成部分之间的合理衔接，要体现出层次感，要符合不同年级学生的身心发展规律，适应和满足不同年级学生的体育需求。

系统性原则要求学校构建完整的学校体育文化体系，保证学生接受的体育文化教育是完整的，这就要将显性体育教育与隐性体育教育充分结合起来。显性体育教育的组织形式有体育课堂教学、体育课外活动、体育训练、运动会等。隐性体育教育形式比较含蓄，如传播体育精神，弘扬体育道德文化，营造良好的校园运动氛围，潜移默化地影响学生；此外张贴体育标语，宣传优秀体育人才的事迹，修建具有文化气息的体育建筑物等，这些都能潜移默化地对学生起到良好的教育效果。

六、艺术性原则

建设学校体育文化体系，要进行精心的统筹设计，融入美的元素，但切忌华而不实，这有助于对学生的审美意识、审美能力进行培养，能够给学生带来无限的美感，使学生对美的追求得到满足，激发学生参与体育活动的兴趣，使学生在体育活动中有更加生动活泼的表现。

七、融合性原则

建设学校体育文化要贯彻融合性原则，要将我国和世界上优秀的体育思想、体育成果融合起来，将中华民族优秀的传统体育项目和从西方引进的时尚流行的新兴体育项目融合起来，将体育资源、文化资源、教育资源等相关资源融合起来，在全面融合的基础上开展体育文化活动的组织实施工作，使学生在参与活动的过程中获得真实的进步、充分的提高、全面的发展。

第三节　学校体育文化评价指标体系的构建

一、学校体育文化评价指标体系的构建原则

（一）目标性原则

构建学校体育文化评价指标体系的前提与基础是明确学校体育文化评价目标，明确目标才能对评价指标体系进行设计。设计出来的指标体系要能够将学校体育文化的发展情况客观真实地反映出来。典型的指标是构成学校体育文化评价指标体系的主要内容，选用这些指标时，要确保其能够从不同的角度与方位真实地体现出校园文化的水平。同时，一些关键性的指标不可遗漏，这些指标直接关系到评价目标的实现。与评价目标无关的指标可不选用。

（二）客观性原则

客观性原则指的是构建学校体育文化评价指标体系时，要严格遵循客观规律，最大化地提高评估结果的科学性与准确性。学校体育文化评估是否与实际相符，是否能够客观进行和有效实施，都与选取的指标有很大关系，所以构建评价指标体系时，必须遵循客观性原则。

（三）导向性原则

在选择学校体育文化评价指标时，要确保这些指标与学校的现实情况紧密相关，而且这些指标必须有前瞻性和先进性，可以反映出学校体育文化的未来

发展趋势。需要注意的是，综合分析与考虑学校体育文化发展的本质特征及社会的时代特征也是选择评价的一个前提。只有这样，才能充分发挥学校体育文化评价指标体系的导向作用，才能使学校体育文化评价工作的开展更有方向性。

（四）定性、定量相结合原则

要想确定事物中的各项因素是否存在相互制约的关系，就需要进行定性分析，即了解事物存在与发展的规律性；而要想知道不同事物之间是否存在某种关联，就需要进行定量分析，即通过数学的方法进行研究，而且研究结果比较有说服性。在学校体育文化评价指标体系的构建中，要将定性分析与定量研究的方法结合起来运用，并以定性分析为主，定量研究为辅。

二、学校体育文化评价指标体系的构建步骤

（一）初步提出学校体育文化评价指标

有关人员参照《学校体育工作条例》《全民健身计划纲要》等相关文件，以我国体育文化背景为立足点，在综合分析学校体育文化的结构、内涵、内容、建设水平等的基础上，初步提出了学校体育文化评价的相关指标，其中有3个是一级指标，50个是二级指标，涉及学校体育物质文化、精神文化和制度文化三方面的内容，具体见表9-1[50]。

表9-1　学校体育文化评价指标一览表

一级指标	二级指标
校园体育物质文化	1. 学校教职工体育经费 2. 学生体育经费 3. 体育建筑（标志性） 4. 体育场馆布局 5. 体育场馆能否使师生锻炼需求得到满足 6. 体育教材 7. 体育图书 8. 体育标识 9. 体育雕塑 10. 体育知识讲座 11. 体育活动方式 12. 体育广播 13. 体育宣传栏 14. 体育课出勤率 15. 学生体质测试达标率 16. 学生每周锻炼次数和持续时间 17. 学生对体育比赛和新闻是否关注

（续）

一级指标	二级指标
校园体育精神文化	18. 体育观念 19. 体育文化价值体系核心理念 20. 标志性体育人物 21. 学校校训 22. 体育口号 23. 体育精神 24. 体育锻炼价值取向 25. 体育锻炼的动机及态度 26. 身心健康状况 27. 体育道德观 28. 体育运动精神 29. 体育教学环境所持态度 30. 身体自尊态度
校园体育制度文化	31. 体育政策执行状况 32. 体育管理情况 33. 校园体育文明规范制定情况 34. 是否成立学生体育社团（协会） 35. 体育社团数量 36. 体育社团规章制度制定情况 37. 校园健身日、周、月管理办法 38. 学生体质和心理健康是否建立预警机制 39. 体育教师奖励制度 40. 体育教师工作守则 41. 是否成立高水平运动队 42. 运动员守则 43. 竞赛制度制定情况 44. 成文体育课堂常规的制定与实施情况 45. 是否举办体育文化节 46. 院（系）是否举办体育文化节 47. 体育文化节的举办次数及师生参与状况 48. 开展“全国亿万学生阳光体育运动活动”情况 49. 教师是否定期指导体育社团的活动 50. 是否具有社区或其他体育公共服务

下面主要针对一级指标来分析筛选程序。

（二）筛选学校体育文化指标

在筛选上述三个一级指标时，可以采用特尔斐法。使用这一方法之前，先通过问卷调查的方式咨询有关专家的意见，经过反复详细的调查与分析，最后

得出结论，尽可能总结这组专家的一致意见，从而预测未来结果。再通过问卷调查的方式列出“重要、比较重要、一般、不重要”4个等级，为这些不同的等级赋值，对应的分值分别为7分、5分、3分、1分，在最后一轮完成权重打分。一般用各指标所得分值的算术平均值来表示专家意见的集中程度，用每个指标最终分值的变异指数结果来表示专家意见的协调程度，意见的协调度越高，变异系数就越小。

（三）确立学校体育文化指标体系

如果调查发现专家对三个一级指标的意见比较统一或比较认同，没有太大的分歧，那么在随后的开放式问卷调查中，专家对这三个指标也是较为赞同的，这样他们也就会在一级指标方面达成共识。所以，采用经过修正后的一级指标可以相对科学地衡量学校体育文化体系建设水平。因此要保留所有的一级指标。

另外，还有一些专家认为应该在以上三个指标的基础上加上体育行为文化这一方面的内容，这几种指标的划分都有一定的道理，值得人们去深究。

（四）检验与确定学校体育文化指标体系

在学校体育文化评价指标体系的构建中，检验指标体系结构效度，需要用到因子分析结果的共同度这个概念。因子分析作为一种多元化的统计分析方法，能够提高因子变量的可解释性。即在研究如何丢失最少信息的基础上，将许多原始变量浓缩成少数几个因子变量。分析结果的共同度与其中包含的原有变量的信息量是成正比的[50]。

研究发现，高效度的共同性系数需大于0.5。为了提高因子分析结果的客观性，在浓缩原始变量时，避免浓缩后的因子变量太多。经过周密的分析后可以判断学校体育文化评价指标体系是否拥有良好的结构效度。最后通过因子分析法进行检验能够最终确定学校体育文化评价指标体系。

第四节　建设学校体育文化新体系的理论与思考

一、建设学校体育文化新体系的理论基础

（一）建设和谐校园

学校作为社会的重要组成部分，在和谐社会建设中发挥的作用至关重要。在和谐社会背景下迫切要求开展建设和谐校园的计划。校园文化是社会和谐文化的重要组成部分，和谐是校园文化发展的重要理念，校园文化要体现层次、实现理想、取得进步与发展，都需要遵守和谐理念。学校发展要以和谐的校园文化为思想基础，校园文化和谐共生对学校来说也是实现发展目标的重要价值导向。学校对优秀人才的培养、对民族文化的传承、对先进文化的吸收以及对社会主义现代化建设的服务都离不开和谐的校园文化，这一必不可少的载体与

条件。建设和谐校园理念要求在学校体育文化建设中坚持社会主义核心价值观的引导，将继承民族传统文化和弘扬先进文化充分结合起来，探索丰富多彩的校园文化表现方式，不断拓展新的方式，从而构建和谐的学校体育文化，进而构建和谐校园，并为和谐社会构建奠定良好的基础。

学校教育和学校管理都要坚持“以人为本”这个非常重要的教育理念。教育对象是有血有肉的、有思想有感情的、有理想有价值的生命体，他们不是机器，不是产品，不能任意组装、加工、改造，应该引导他们树立正确的世界观、人生观与价值观，将他们培养成全面发展的新型人才，使其在社会主义现代化建设中有所贡献。教育对象有个性、有尊严，也有价值，在学校教育中要先教学生做人，再培养其才能，使他们未来走向社会既是合格的公民，又是有技能的人才。学生的学习受内因与外因的共同影响，在学校教育中要把二者的关系处理好，充分发挥内因与外因的积极影响，在教育中融入思想教育与情感教育，使学生把学习当作一种自觉性、习惯性的良好行为。在学校课程教育与改革中，围绕学生主体营造和谐的教学气氛，落实和谐校园建设理念，促进教学过程和谐、人际关系和谐，使学生在和谐的校园文化中获得全面协调发展，实现自我和谐发展目标。

（二）全面育人

十八大报告中明确提出：要把立德树人作为教育的根本任务，培养一代代德智体美全面发展的中国特色社会主义建设者和接班人[51]。作为培养人才的主要阵地，学校在办学过程中必须清楚地思考几个问题，即办什么样的学校和怎样办好学校；培养什么样的人和怎样培养人。学校在办学与治学中要使立德树人的目标顺利实现，就必须树立社会主义核心价值观，并在教学与管理中积极践行这一价值观，构建多位一体的育人模式并不断完善。建设学校体育文化新体系，发展物质文化、制度文化、精神文化和行为文化，使学生在这些文化中受到熏陶，同时将责任教育、文明教育、爱国教育贯穿于学校体育文化体系构建中，充分发挥学校体育文化的育人功能，使学生深刻认同与自主接受社会主义核心价值观，发展成为德才兼备，内外和谐的栋梁之材。

在办学与治学中，学校领导要树立新的理念，深刻认识到学校与学校文化的重大关系，在肯定校园文化重要性的基础上重视校园文化建设和学校体育文化建设，在体育课内外活动中践行全面育人的理念，充分发挥学校体育文化活动的育人功能，使学生在各种各样的体育活动中都能有所收获，学到新知识、新技能，或者提升自己的内在，促进学生全方位发展。

（三）现代学校管理

现代学校制度的建设和管理是学校改革与发展的主要问题，民主管理是现代学校运行模式的重要组成部分。学校要树立先进的、符合实际的管理理念。所谓学校管理理念，是指学校管理者对于管理学校的理性认识、理想目标及其

实践体验所形成的价值观念，是学校精神与学校管理思想的有机协调与统一。

在和谐社会构建中要尊重多样性。社会是由不同事物和个体组成的，每一个个体都具有不同特质，每个人由于不同的经历和认识水平而形成了不同的认识，他的思想、爱好、信仰和价值观都有所区别，这就形成了丰富多彩的人类社会，在此基础之上形成的不同阶层有着不同的诉求和愿望，所以说，尊重个体发展是实现“以人为本”理念的重要手段。对学生进行教育和管理，尊重多样性和共同发展是最基本的理念。在学校管理中，每个学生的生活习惯、家庭背景、知识结构、性格特点等都存在差异，要教育和引导学生，教育者首先必须树立“以人为本、尊重多样性”的教育理念，在校园中营造“展现个性，体现个人价值”的氛围，让每个学生都有展现自我的空间和方式，让校园变为人才成长的沃土和个性发展的平台。尊重多样性，就是要尊重学生的个体差异，从学生的实际出发，有教无类。根据学生个体的不同特点和需求采用不同的教育方法，促进学生的全面发展。要针对不同学生制定相应的教育模式，让学生在个性化的发展中学会适应环境、学会和谐共处，进而提高学生的道德素养，促进学生人格的健全[51]。

二、科学构建学校体育文化新体系的策略思考

（一）重视对反馈信息的运用

构建学校体育文化新体系，传播学校体育文化，主要是为了促进学生的发展，如增强学生体质，培养学生终身体育锻炼的习惯，提高学生的综合素质等。学校体育文化活动的参与主体是学生，学生的体育活动行为直接受到学校体育物质文化、制度文化、精神文化的影响。在参与学校体育活动的过程中，学生是积极主动的个体，学校体育文化的建设情况能够从学生的体育行为中体现出来。所以，在学校体育文化新体系构建中，要将学生的反馈信息充分利用起来，促进新体系的顺利构建，最终促进学生发展。运用反馈的信息如图 9-1 所示[52]。

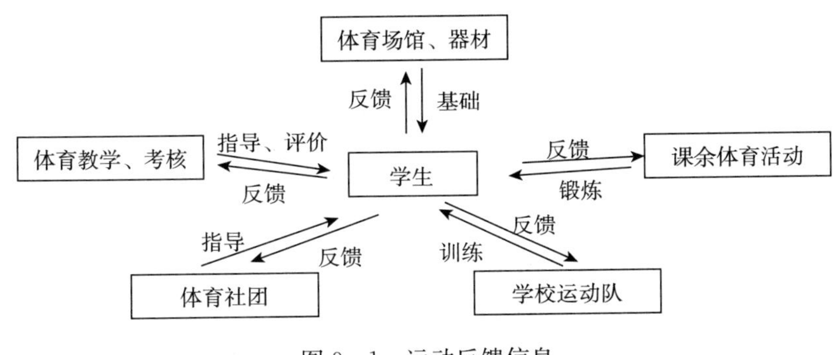

图 9-1　运动反馈信息

（二）加强管理，建立相互监督机制

学校体育文化新体系构建中涉及个人、群体和领导部门三类主体。

个体主要指的是学生、体育工作管理者、体育教师以及其他体育工作者。这些主体具有生命力，具有体育参与能力、体育工作能力或体育管理能力。

群体指的是一群人，他们的体育观念、体育目标基本相同，有相对稳定的组织结构，共同参与学校体育活动。这类群体包括学校体育社团、学校运动队这样的正式群体，也包括自发组织的体育学习小组、体育爱好者协会等非正式群体。

领导部门也就是学校的体育部门。随着学校体育的不断发展。学校体育部门逐渐组建，结构和运行机制也日渐完善，领导部门发挥引领作用，带领前两类主体参与体育活动，开展体育工作，保障学校体育文化繁荣发展。

上述三类主体之间存在着密切的联系，具体表现在以下两个方面。

第一，群体、领导部门及其工作人员都是以个体形式存在的。

第二，领导部门对个人和群体的体育行为有引导、规范作用。

构建学校体育文化新体系，要求上述三类主体相互协调，配合工作，并相互监督和制约，如图 9－2 所示[52]。在相互配合与监督的过程中保证信息资源在三者之间的流动，使三者共享信息资源，自觉履行职责，有效落实有关学校体育文化发展的政策与计划。

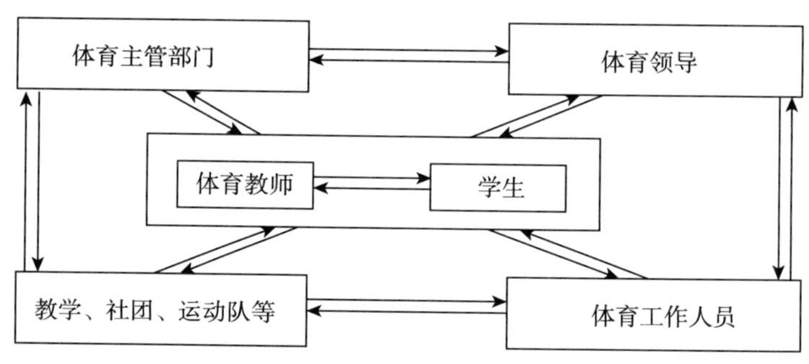

图 9－2　学校体育文化新体系

（三）多方面渗透体育文化

在长期的学校体育实践中形成的学校体育文化具有传播性、稳定性。学校体育文化在师生群体间的传播有助于潜移默化地影响师生的体育意识、体育行为以及内在精神世界。传播学校体育文化，也就是在纵横交错的各个方面来渗透体育文化，主要包括以下几种渗透方式。

1. 文化渗透

文化渗透的传播方式也比较常见，如学校图书、学校宣传栏、张贴标语等。采用这类传播方式时，传播者和传播对象不需要直接面对，它的优势在于

能够将体育文化全面深刻地展现出来，传播范围大。

2. 言语渗透

这种传播方式最为常见，也最传统，是一种手口相传的形式，如教师的传授、师生的交流和校园广播等，运用这类方式传播与渗透学校体育文化，能够将体育文化的丰富情感传达出来。

3. 学校机构渗透

这类渗透方式在学校体育文化传播中所起的作用至关重要，具体传播方式有举办校园体育赛事、召开体育讲座、开展体育先进个人评选活动等，学校体育部门举办的丰富多彩的校园体育活动能够为学校体育文化的持续发展提供动力，能够提高学校体育文化的影响力。

4. 网络渗透

这种传播渗透方式随时代发展、科技进步而兴起，传播平台有论坛、微信公众号、微博、直播等，传播面广，传播迅速，也能吸引学生对学校体育活动的关注。

学校体育文化的渗透方式及手段如图 9－3 所示[52]。

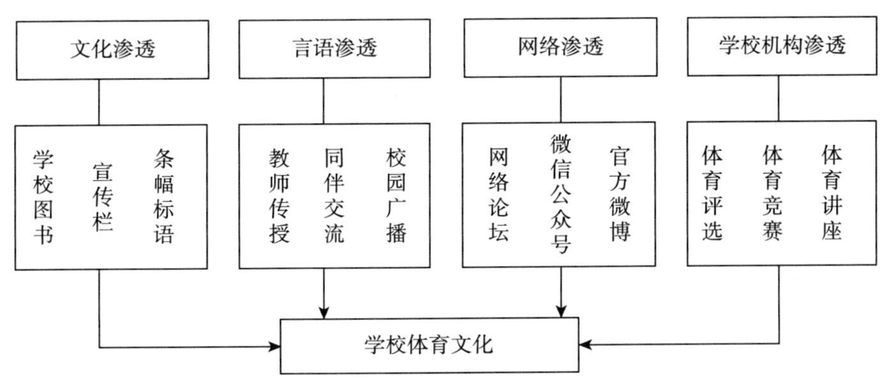

图 9－3　学校体育文化渗透方式及手段

(四) 推动学校体育产业化、多元化发展，提升学校体育实力

多元化、产业化是我国体育事业的主要发展趋势，也是学校体育文化的主要发展方向，是学校体育文化发展到一定程度的必然选择。走产业化、多元化发展之路，不仅代表学校体育文化打破学校的界限，走出去寻求更广阔的发展空间，也表明社会体育文化走进了学校，与学校体育文化交流互动，共同发展。为推动学校体育文化的产业化和多元化发展，应勇敢“走出去”，积极“请进来”，同社会企事业单位合作举办丰富的体育活动，和其他学校联合起来举办校际运动会，并与社会体育组织团体多沟通交流，获得社会体育组织的支持与帮助。

学校体育文化的产业化发展需要投入一定的资金，这是学校体育文化可持续发展的重要支撑与保障。为了解决学校体育发展中资金短缺的问题，缓解学校的财政压力，学校体育部门应面向社会寻找赞助与投资，多渠道筹集资金，为学校体育产业化发展助力。学校举办的体育赛事是学校从社会领域筹集资金的重要载体，主要表现为寻求企业合作、赞助，出售冠名权和广告位，在赛事中进行产业化运营，从而有效推动学校体育产业发展。此外，学校也可以有偿开放体育场馆设施，增加收入，或向社会团体有偿提供体育服务，如策划体育活动方案，提供活动场所，指导体育锻炼等，这些都能给学校带来收入。将这些收入用到学校体育文化的建设中，可解决学校体育文化多元化与产业化发展中遇到的一些问题，提高学校体育实力。

（五）创建学校体育文化活动品牌，拓宽教育路径

1. 依托体育俱乐部开展体育俱乐部文化活动

体育俱乐部文化是学校体育文化的重要组成部分。学校体育俱乐部是由有着共同兴趣爱好的学生组成的体育团体，学生自主组织和管理俱乐部活动，学校体育俱乐部具有自主性、自发性和自愿性等特征，创办学校体育俱乐部能够对学生的组织管理能力、团结协作能力、社交能力以及责任心进行培养。目前，学校体育俱乐部虽然数量在增加，且管理机制和激励约束机制比较欠缺或不够完善，在学校体育文化建设中难以发挥自身的多元功能。因此，学校要对体育俱乐部的活动给予鼓励和支持，促进俱乐部组织管理结构的健全，完善俱乐部成员个人档案，建立俱乐部校友信息库，增强俱乐部成员的归属感和荣誉感。此外，学校还应鼓励俱乐部开展多姿多彩的体育文化活动，在活动中渗透体育文化理念、社会主义核心价值教育，提高学生的体育文化素养与道德素养。

2. 挖掘地方特色资源，开展民族传统体育文化主题活动

学校要充分挖掘和利用地方特色文化资源，通过开展讲座、报告会，实地参观，举办民族传统体育活动等方式实现地方特色体育文化与学校体育文化的有机融合，丰富学校体育文化的内容与内涵，同时传播与弘扬地方传统体育文化。

3. 在“互联网”背景下开展网络体育文化活动

在网络时代，网络媒体是文化传播的主要方式。网络文化在学校也很流行。当前，很多学生主要通过网络了解体育运动。因此，利用网络平台进行体育文化教育和宣传既适应时代发展的要求，也贴近学生的生活实际。以互联网和手机为代表的现代新媒体深受学生青睐，学校要用学生感兴趣的方式通过开通体育微博、微信，拍摄体育微电影等手段形成“互联网＋体育”的学校体育文化宣传新模式，增强学校体育文化的互动性、吸引力和凝聚力。

（六）促进学校体育文化与企业文化的对接

在现代高校学校体育文化发展中，校企合作的模式逐渐流行起来，这是高校体育与社会互动发展的产物。但是在校企合作模式的运行中存在一些问题，如偏重形式化的合作，而文化理念没有融合，这就导致企业文化的导向功能得不到发挥，学校体育的教育功能也发挥不好，最终结果是校企合作模式无法长期运行下去，缺乏可持续发展的内在动力。对此，要对校企合作模式进行改革，完善该模式的运行机制，拓展多元化的合作方式，加强二者的对接与文化理念融合，使二者在相互碰撞中共存共荣。

下面重点讨论如何改善校企合作的运行模式，以促进学校体育文化与企业文化的良性对接与和谐发展。

1. 对校企合作机制予以改革，促进学校体育文化管理制度的完善

在我国学校体育文化的建设与发展中虽然建立了校企合作的新模式，但是目前这种模式还在尝试运作阶段，有待进一步完善。学校在校企合作模式的运作中应对校企合作的长效机制进行探索，不但要使合作链条得到加强，还要使合作面更广，合作点更多，使学校与企业相互依赖，友好合作，不断提升合作效果，达到既促进学校体育文化发展，又增加企业收益的双赢目的。为了提高校企合作模式的运作效率，促进学校体育文化与企业文化的友好互动，要在学校教育和体育改革中对学校体育文化重新进行定位，完善学校体育文化管理机制，规范学校体育文化活动的组织实施过程，对学生的健康体质、道德品质及责任感进行培养，从而形成学校培养优秀人才、向企业输送优秀人才、解决大学生就业问题的良性运行机制，使全方位发展的优秀人才在企业中有所贡献，提高企业效益，还可以起到宣传学校形象和学校优良文化传统的目的。

2. 在校企合作模式下创办校园特色体育文化节

每所学校都依托自己的教育资源和教育传统而形成了独特的办学特色，学校的特色体育项目是学校挖掘地方优秀体育文化资源、结合本校办学条件和办学特色而创建的，在学校体育文化节上，学校特色体育文化项目扮演的角色极其重要。高校可以根据专业来开发特色体育项目，依靠企业赞助举办特色体育文化节，并在体育文化节上以特色体育项目的比赛为主要内容，并从专业技能要求出发举办职业赛事，这样可以提高特色体育文化节的娱乐性，活跃学校体育文化氛围，还可以宣传学校的优秀体育文化，使企业看到学校的优势资源，建立长期稳定的合作关系。

（七）推动学校体育、社区体育及家庭体育的融合

在积极推动学校体育文化新体系的构建中，应促进学校体育、家庭体育以及社区体育的融合，并不断提升融合成效，优化融合质量[53]。

1. 发展各自优势

在推动学校、家庭以及社区体育教育融合发展的过程中，应该充分实现三种体育教育模式的高度融合，发挥各自的优势。

首先，学校体育应该充分发挥自身丰富的教育资源优势，依托于专业化的教学团队，通过组织家长会等方式来宣传科学的体育理念和体育教育方式，还可以深入社区开展宣传教育活动。在体育文化的融合中，学校应该充分发挥自身的价值引导作用，依托多元化的形式，线上线下共同整合，提升宣传效果，让广大家长认识到体育教育对学生成长成才的重要作用。

其次，家庭体育应该自觉承担起观念渗透、习惯培养的责任，应该为学生树立良好的榜样，以身作则引导学生参与体育锻炼。

最后，社区体育应该发挥自身的基础资源优势，营造良好的体育发展环境和空间。

2. 完善组织机构和融合机制

在学校体育、社区体育和家庭体育的融合过程中，应该创设专门的体育管理机构，加强对三者的管理与协调。学校体育是系统化的体育教育，社区以及家庭体育带有公益性的教育内涵，在促进三者融合的过程中，应该依托科学系统的管理体系，促使它们正视自身的优势，发挥自身的特点。发挥体育管理机构的功能，可以促进学校、社区和家庭体育的融合发展的规范化与长效化。

要强化学校、社区和家庭在体育领域的沟通与交流，充分发挥各自优势，还应该依托统一的发展机制、文化保障机制，促使互动工作全面有序开展，形成高效沟通的工作机制。在信息技术全面发展的今天，依托信息化管理系统，能够全面理清各方的资源及职责，同时能够建立长效快速的互动沟通机制，积极协调相关事宜，提高融合发展的质量。

主要参考文献

[1] 刘健．体育文化研究［M］．北京：科学出版社，2017.

[2] 潘绍伟，于可红．学校体育学［J］．北京：高等教育出版社，2008.

[3] 于小霞．学校体育教育手册［M］．天津：天津人民出版社，1998.

[4] 冯宝忠．中国迈向体育强国途径的研究［D］．苏州大学，2012.

[5] 苏宁．体育大国向体育强国迈进的战略思考［D］．北京体育大学，2010.

[6] 赵欣然．体育强国思想的理论脉络与现实意义［J］．合肥学院学报（综合版），2020，37（4）：27－32.

[7] 王海．从“健身强国”到“体育强国”：党的四代领导核心体育观研究［J］．搏击（武术科学），2012，9（5）：107－108.

[8] 肖坚，汪焱．习近平体育强国思想引领下的体育强国建设［J］．体育科学研究，2019，23（1）：1－5.

[9] 邵金龙．体育强国建设背景下学校体育的价值定位与未来走向［J］．冰雪体育创新研究，2020（12）：71－72.

[10] 魏振．高校体育文化建设的现状和对策研究［J］．体育科技文献通报，2018，26（11）：164－166.

[11] 胡古月．黑龙江省高校学校体育文化现状调查与发展对策研究［D］．辽宁师范大学，2012.

[12] 姜志明，樊欣．大学学校体育文化研究［M］．北京：中国林业出版社，2010.

[13] 吴延丰，刘欣．民办高等学校学校体育文化建设存在的问题与不足［J］．赤子（上中旬），2015（19）：126.

[14] 俞丽松．高校体育文化建设存在问题及发展方向探析［J］．成都体育学院学报（10），2008：88－89.

[15] 刘旭明．浅论加强高校学校体育文化建设的现实诉求及发展方向［J］．高教学刊（15），2016：197－198，200.

[16] 吴卫东．新世纪高校学校体育文化发展趋势研究［J］．哈尔滨学院学报，2009，30（2）：36－38.

[17] 张悬，李龙．我国现代竞技体育文化的特征［J］．体育学刊，2010（8）：30－32.

[18] 白晋湘．论中国民族传统体育文化与西方竞技体育文化的冲突与互补［J］．北京体育大学学报，2003（5）：295－296.

[19] 李秀．中国传统体育文化与西方竞技体育文化的对比研究［J］．职业圈，2007（7）：

65-66.

[20] 邱江涛，熊焰．竞技体育文化特征探析［J］．吉林师范大学学报（自然科学版），2004（3）：99-101.

[21] 李龙，陈中林．现代竞技体育文化的和谐内涵［J］．体育学刊，2007（3）：41-44.

[22] 曾志刚，彭勇．竞技体育文化的几点内涵探析［J］．井冈山学院学报（自然科学版），2006（2）：53-55.

[23] 史帅英．江苏省青少年业余训练和学校体育融合发展研究［D］．中国矿业大学，2020.

[24] 鲁骁．学校体育对培养竞技体育后备人才的优势与不足分析［J］．上饶师范学院学报，2015，35（3）：107-110.

[25] 丁永玺，张迎迎．我国排球后备人才培养模式分析［J］．鲁东大学学报（自然科学版），2008（4）.

[26] 汪悦．"企校合作型"竞技体育后备人才培养方式的个案研究［D］．西南大学，2020.

[27] 黎正成．论"体教融合"培养竞技体育后备人才的研究［J］．湖北体育科技，2018，37（6）：478-480，477.

[28] 武周，宋元平．"体教融合"背景下竞技体育后备人才协同培养的动力机制与推进策略［J］．冰雪体育创新研究，2020（24）：71-72.

[29] 魏建军．休闲体育理论的多维研究与健身指导［M］．长春：吉林大学出版社，2016.

[30] 纪惠芬．休闲体育文化建设与发展研究［M］．哈尔滨：东北林业大学出版社，2019.

[31] 姚应祥．休闲体育在现代社会背景下的发展与实用研究［M］．北京：中国原子能出版社，2019.

[32] 李卫星，王全军．学校休闲体育文化建设初探［J］．教学与管理，2010（27）：25-26.

[33] 杨斌，2015. 我国高校体育俱乐部的现状及发展战略［M］．北京：人民体育出版社.

[34] 邱亚君．休闲体育行为发展阶段动机和限制因素研究［M］．杭州：浙江大学出版社，2009.

[35] 张锐锋．学校体育与休闲体育的整合［J］．辽宁体育科技，2006（4）：69-70.

[36] 王彩霞．民族传统体育在高校校园文化建设中的融合与发展［J］．汉字文化，2020（18）：177-178，196.

[37] 倪依克．民族传统体育学学科理论体系的研究［J］．体育科技文献通报，2006（7）：83-84.

[38] 杨创．论我国民族传统体育学科体系的建构［J］．当代体育科技，2018，8（34）：171-172.

[39] 叶伟，徐伟军．试论我国民族传统体育学科体系的建构［J］．中国学校体育（高等教育），2014，1（5）：59-62.

[40] 石爱桥．民族传统体育概论［M］．北京：人民体育出版社，2014.

[41] 孙秋燕．民族传统体育学科体系的建构探讨［J］．文体用品与科技，2019（6）：72－73.

[42] 刘虹．新时代中华体育精神弘扬的路径研究［J］．文体用品与科技，2019（14）：199－200.

[43] 林伟贤．生态文明视域下我国民族传统体育精神研究［J］．体育科技文献通报，2017，25（2）：90－91.

[44] 王登峰．完善学校体育制度体系和治理机制［J］．中国教育科学（中英文），2020，3（2）：96－102.

[45] 吴文亮．小学体育个性化教育的内涵及实践策略探究［J］．考试周刊，2020（11）：127－128.

[46] 胡秉娇，晁岳刚，孟焕．高校体育精神教育的必要性研究［J］．体育科技文献通报，2012，20（5）：23，131.

[47] 刘雯雯，李凡．高校体育教学中的体育精神与人格精神［J］．湖南第一师范学报，2009，9（3）：61－63.

[48] 马丽君，梁丽珍．探析高校体育教学中体育精神的培养与弘扬［J］．考试周刊，2009（25）：158－159.

[49] 刘亭．滨州学院学校体育文化建设路径的研究［D］．山东体育学院，2014.

[50] 顾春先，邬红丽，肖波等．中国高校学校体育文化指标体系研究［J］．体育科学，2010，30（8）：41－48.

[51] 蒙丽丽．社会主义核心价值观视域下高校学校体育文化建设研究［D］．广西师范学院，2016.

[52] 郜雁铭．河北省高等师范院校学校体育文化现状及发展对策研究［D］．河北师范大学，2018.

[53] 王福滨．学校、家庭和社区体育教育融合模式的构建［J］．拳击与格斗，2020（4）：96－97.

图书在版编目（CIP）数据

建设体育强国背景下学校体育文化建设与发展研究 / 苏永骏著. —北京：中国农业出版社，2021.8
ISBN 978-7-109-28340-4

Ⅰ.①建… Ⅱ.①苏… Ⅲ.①学校体育—体育文化—研究 Ⅳ.①G807

中国版本图书馆 CIP 数据核字（2021）第 112917 号

中国农业出版社出版
地址：北京市朝阳区麦子店街 18 号楼
邮编：100125
责任编辑：谢志新　郭晨茜
版式设计：王　晨　　责任校对：吴丽婷
印刷：中农印务有限公司
版次：2021 年 8 月第 1 版
印次：2021 年 8 月北京第 1 次印刷
发行：新华书店北京发行所
开本：700mm×1000mm　1/16
印张：9.5
字数：200 千字
定价：78.00 元
